AF311869

ROBERT

ET

BLANCHE.

Tableau actuel des Coutumes, Mœurs et Usages des Anglais, 1 vol. *in-12*, avec le portrait du Roi d'Angleterre, 1 f. 50 c.

Le Proscrit, ou la Sœur Équivoque, 1 vol. *in 12*, fig. 1 franc 50 centimes.

Horatio de Holstein, ou l'Abbaye de St-Julien, 3 vol. *in-12* fig. 5 f.

Dernier Tableau de Famille, par Auguste Lafontaine, 2 vol. *in-12*, fig. et frontispice en taille douce, 4 f.

O toi, Victime de l'amour et de l'orgueil
reçois mes derniers adieux !

ROBERT

ET

BLANCHE,

OU

LES EFFETS DE L'ORGUEIL;

Par l'auteur de SÉLISCA.

TOME PREMIER.

A PARIS,

Chez J. GARNIER, Imprimeur-Libraire,
rue Jean-Robert, près celle St.-Martin.

AN II. — 1803.

ROBERT

ET

BLANCHE.

CHAPITRE PREMIER.

Naissance du Héros.

MON héros ne comptait pas une longue suite d'aïeux, et ne devait pas l'existence à un de ces êtres privilégiés, qui se qualifient du titre de nobles. Son père était tout bonnement un honnête coëffeur, célèbre, à la vérité, et dont l'art le rendait cher à toutes les jolies femmes : on se l'arrachait, et les cheveux d'une belle lui semblaient moins beaux, quand Robert ne les avait pas frisés.

Notre jeune homme était son fils unique ; et comme le travail assidu de cet homme estimable , et sa grande économie , l'avaient mis dans une situation aisée , il éleva son fils avec plus de soin que les enfans de cette classe ne le sont ordinairement, et à l'age de dix ans, il le mit dans une pension, dont il ne sortit qu'à dix-huit.

A. cette époque , le jeune Robert était ce qu'on nomme vulgairement un joli homme , et le moral répondant au physique, il ne pouvait manquer d'intéresser en sa faveur tous ceux qui le connaissaient. J'ai dit que son éducation avait été au-dessus du commun , aussi n'avait-il rien qui pût déceler sa roture , et il aurait pu prétendre à tout , s'il avait eu des titres. Malheureusement, ce dernier article lui manquait , et tout le blason de son père se réduisait à un peigne et un fer à friser. Hélas! l'infortuné Robert , heureux alors et content de son sort , était bien loin de prévoir qu'il serait forcé un jour de regretter les parchemins.

Quand il fut rentré dans la maison paternelle , il fut question de lui donner un état. Les talens qu'il avait acquis lui donnant la facilité de s'élever sans peine au - dessus de sa sphère, sa mère qui l'aimait tendrement , désirait avec ardeur le placer dans le commerce , ou chez un notaire ; mais son père, par une manie assez ordinaire à tous les artisans , ne goûta pas ce projet. Le bon homme ne voyait

rien au-dessus de son état ; et
calculant ce que son fils pourrait
amasser, en suivant sa profession,
par ce qu'il avait lui-même épar-
gné depuis vingt ans, il le voyait
déjà en perspective le plus heureux des hommes. Peut-être avait-
il raison ; et si le métier de coëffeur offrait un aspect moins agréable que le bureau, il était sans
doute plus solide, et aussi plus
lucratif. Mais sans aller chercher
tous ces motifs, le père Robert
conclut que son fils devait être coëffeur, et en conséquence il se mit
en devoir de lui enseigner son ta-
lent. Le jeune homme ne manquait
pas d'intelligence ; aussi, au bout
de trois mois, fut-il en état de le
disputer aux plus fameux. Son père
charmé de ses progrès, l'associa

dès-lors à ses travaux, et accepta une grande quantité de pratiques qu'il avait refusées.

Je dois ici un témoignage à la vérité : la soumission aux volontés de son père, bien plus que son inclination, l'avait porté à prendre un état qu'au fond il détestait. Les jeunes gens qu'il avait fréquentés dans sa pension, étant tous d'une condition plus haute que la sienne, il avait puisé dans leur entretien des idées infiniment plus élevées qu'on n'aurait pu le prévoir ; son ame naturellement noble, avait pris l'essor ; et leur société l'avait aidé à sortir de l'étroite sphère où le destin l'avait placé. Il s'était empressé d'acquérir toutes les connaissances dont on lui avait donné des notions ;

Robert s'était plu à penser que ses parens lui laisseraient le choix d'un état ; il comptait alors en prendre un conforme à ses goûts, et aidé du peu de fortune que ses parens devaient lui laisser , il espérait se trouver dans cette situation qui place l'homme entre la noblesse et la roture , et le met dans le cas d'être bien reçu partout.

La fantaisie de son père vint tout-à-coup détruire une si douce illusion , et notre héros , qui était naturellement un peu porté à la fierté, se trouva très-humilié de son nouvel état. Néanmoins il n'en fit rien paraître , et se résigna sans murmure. Son extrême douceur tempérait la hauteur de son caractère ; alors comprenant à merveille qu'un coëffeur n'est pas un gentillomme, il fit tous ses efforts pour prendre le ton convenable à sa profession; et malgré sa physionomie distinguée, sa modestie l'emportant sur toutes ses autres vertus, il sut bientôt ce qu'il devait être, c'est - à - dire, haut sans fierté et humble sans bassesse.

Les choses en étaient à ce point, lorsque madame Robert tomba malade. Depuis longtems le changement visible qui s'opérait en elle, faisait soupçonner qu'elle souffrait; cependant elle cachait avec soin ses douleurs, et ce ne fut qu'à la dernière extrémité qu'elle consentit à faire venir un médécin. Celui-ci, homme savant et très-sincère, la trouva en danger, et ne

cacha pas ce qu'il pensait. Robert,
qui aimait tendrement sa mère,
fut très-alarmé du rapport du doc-
teur, et il adressait au ciel les
vœux les plus ardens ; mais ses
désirs à cet égard étaient superflus ; les jours de cette femme respectable étaient comptés, et malgré les soins et les pleurs de son
époux et de son fils, elle rendit
bientôt le dernier soupir.

Robert la soutenait dans ses
bras, lorsqu'elle expira. Qui pourra peindre sa douleur ? Son père,
dans cet instant, crut qu'il suivrait
dans la tombe celle à qui il devait
la vie, et il fut vraiment effrayé
de son désespoir. Le bon homme
fit tout ce qu'il put pour en dimi-
nuer l'excès ; mais ce ne fut que
longtems après que sa douleur pa-

rut s'affoiblir. Son père lui-même
était étonné de la violence de son
chagrin ; il s'en fallait de beaucoup
que ses regrets fussent aussi vifs
que ceux de son fils. Il avait considéré la mort de sa femme comme
un évènement naturel , et en conséquence il avait été bientôt con-
solé.

Quand les premiers mois de
leur deuil furent passés , le père
Robert , qui n'avait pas oublié ses
premiers projets , exhorta de nouveau son fils à se perfectionner ,
afin d'être en état de l'aider dans
ses travaux , et d'en partager les
fruits. Le jeune homme, trop ab-
sorbé par sa douleur, pour s'occuper d'autre chose, continua de
se soumettre à la volonté de son
père, et poursuivit sans murmure
la carrière qui s'offrait à lui.

CHAPITRE II.

*Introduction du jeune Robert
chez la marquise de...*

———

PARMI les pratiques de son père;
madame la marquise de... tenait
un rang distingué par la richesse et
encore plus par ses caprices : elle
faisait tourner la tête à tous ceux
qui la servaient ou qui étaient
employés à sa toilette. On pense
bien que dans ce cas le coëffeur
n'était pas excepté, et l'honnête
Robert avait souvent besoin de
toute sa patience pour la satisfaire
L'envie de se débarrasser de cette
femme lui inspira le dessein de lui
proposer un essai des talens de son

fils. Il n'y manqua pas en effet; et quelques jours après, la trouvant dans un moment de bonne humeur, il lui vanta les talens de son élève, et tâcha de lui persuader que celui-ci étant plus jeune, avait la main plus légère, et satisfaisait le goût présent avec plus de facilité. Ce dernier point gagna la confiance de la marquise, qui était une coquette outrée, et elle lui commanda aussitôt de lui amener son fils le lendemain.

Notre homme, satisfait d'avoir si bien réussi, vint avec empressement annoncer à son fils cette nouvelle qui l'intéressait très-peu; celui-ci se laissa donc conduire chez la marquise avec une sorte de répugnance, soit qu'il eut des pressentimens du malheur que cette visite lui causerait, ou que le caractère de sa nouvelle pratique lui déplut.

Il fit néanmoins tous ses efforts pour cacher sa mélancolie. Il parut devant madame de . . . , avec toutes les graces qui lui étaient naturelles ; aussi fut-elle parfaitement contente de lui, elle s'étonna même que son père lui eût fait prendre un état aussi mesquin, et elle lui témoigna sans feinte ce qu'elle pensait à cet égard. Robert lui avoua ingénuement que la soumission qu'il croyait devoir à l'auteur de ses jours, avait seule été capable de lui faire embrasser une professsion pour laquelle il avait le plus grand dégoût : la marquise approuva sa répugnance pour un métier aussi asservissant, et elle lui promit non-seulement de faire tout son possible pour changer les dispositions du vieux Robert, mais encore de lui accorder sa protection pour le produire d'une manière plus conforme à son mérite et à l'éducation qu'il avait reçue.

Robert reçut les offres de la marquise et ses promesses avec une véritable satisfaction, et une sincère reconnaissance ; il la regarda dès-lors comme une divinité bienfaisante qui allait le tirer de l'apathie où la singularité de son père l'avait plongé, et le placer dans la sphère où il désirait s'élever.

Il revint à la maison, l'esprit rempli des idées les plus riantes, et il ne douta pas une minute que la connaissance qu'il venait de faire ne fût la source de son bonheur. Une seule chose vint troubler sa joie : sa tendre mère, dont tous les vœux tendaient à le voir dans une situation au - dessus du commun, ne pouvait pas être témoin de l'heureux sort dont il jouissait déjà en perspective. Cette réflexion ralentit un peu ses transports, et il eut beaucoup de peine à éloigner de lui la sombre idée que ce cruel souvenir lui suggéra.

Son père, charmé du changement que sa visite chez la marquise avait opéré en lui, s'applaudit de l'y avoir introduit ; mais il n'en pénétra pas la cause, et fut bien étonné le lendemain quand madame de . . . lui apprit qu'elle avait des projets sur son fils, qu'elle avait parlé de lui à son époux, et que n'ayant pas de secrétaire, il désirait avoir auprès de lui, en cette qualité, le jeune Robert : notre homme fut un peu étourdi de cette proposition qui ne cadrait guère avec ses idées ; néanmoins les représentations de la marquise, et plus encore, le respect qu'il croyait devoir à son rang, l'emportèrent sur son entêtement, et il consentit, quoiqu'avec peine, à se priver de son fils, pour le laisser jouir de la fortune qui semblait s'offrir à lui ; et deux jours après, le jeune Robert quitta la maison paternelle, fut présenté au marquis, et prit possession de la place de secrétaire.

Rien ne peut se comparer à la joie de notre héros ; elle fut visible aux yeux même de madame de... qui lui en sut bon gré et l'attribua au plaisir qu'il ressentait d'être au service de son époux : comme elle était douée d'une bonne dose d'amour - propre , elle n'eut pas de peine à se persuader qu'il devait être ravi de faire partie de sa maison.

De son côté, Robert, flatté de la bienveillance qu'elle lui témoignait, ne négligeait rien de ce qui pouvait lui plaire, et ménageait si bien son tems, qu'il était tout-à-la-fois, le secrétaire de monsieur, et l'écuyer de madame ; admis à leur table par un privilège attaché à son emploi, il trouvait aisément le moyen de faire briller son esprit, et en peu de tems il devint aussi cher au marquis qu'à son épouse.

CHAPITRE III.

*Deux mots sur Monsieur et
Madame de . . .*

———

LE marquis était déjà âgé, mais il portait avec grace et dignité les cheveux blancs, qui avaient peine à couvrir un front un peu chauve et déjà sillonné des rides de la vieillesse : il était doux, affable, bon époux, bon père et excellent maître, en un mot, cet homme respectable aurait été accompli, s'il n'eût pas été atteint du préjugé ordinaire à tout ceux de son rang. L'homme le plus estimable, et même le plus opu-

lent , n'aurait pas pu prétendre à
son alliance, s'il n'eût été aussi élevé
que lui en noblesse ; il espérait
au contraire une alliance des plus
honorables , et la beauté de Blanche sa fille, était bien capable de
lui donner l'espoir d'un gendre
d'une naissance illustre. Il n'avait
qu'elle , et un fils , aussi entêté de
sa noblesse que ses parens , et infiniment moins aimable que son
père. Sa sœur contrastait parfaitement avec lui ; elle était aussi
bonne que belle , et ne semblait
connaître ses titres que par les
vertus qu'ils lui donnaient lieu de
pratiquer.

Restait la marquise , dont j'aurais dû m'occuper avant ses enfans :
celle-ci possédait peu de vertus ,
et beaucoup de défauts ; elle s'a-

veuglait sur son âge, et quoique passant la quarantaine, elle se croyait encore adolescente, et prétendait aux hommages de tous les jeunes gens qu'elles rencontrait dans les cercles brillans où elle ne manquait pas de paraître; elle n'épargnait alors ni les regards, ni les minauderies pour obtenir un compliment; et comme elle avait peu d'esprit, elle prenait le moindre mot flatteur pour une déclaration, et se croyait sûre d'une conquête au moment où elle n'avait rencontré qu'un homme galant, et poli pour le sexe. Au surplus, son orgueil égalait celui de son époux, et sa morgue ne le cédait pas à celle de son fils.

Par un travers, assez ordinaire aux femmes à prétentions, madame de ..., voyait sa fille avec assez d'indifférence, et depuis son enfance elle la tenait au couvent, dont elle ne voulait la faire sortir que le jour de son mariage; Blanche, s'ennuyait assez de ce genre de vie, et elle soupirait vivement après une autre existence. Elle entrait dans sa dix-septième année, et son cœur sensible, sentait déja le besoin d'aimer; elle s'ennuyait à la mort, de la compagnie des béguines dont elle était entourée; malgré leurs cajoleries, elle aspirait avec ardeur après le moment de rentrer chez ses parens.

L'occasion s'en présenta plutôt qu'elle n'aurait osé l'espérer. Le marquis ayant fait la connaissance du comte de S..... et desirant que sa fille lui plût, pria sa femme de trouver bon qu'elle quittât le

couvent. La marquise espérant
que son séjour auprès d'elle serait de peu de durée, y consentit
volontiers, et on envoya la première femme-de-chambre de sa
mère pour la faire sortir de sa
retraite, et l'amener à l'hôtel.

CHAPITRE IV.

Surprise de Robert.—Effet ma-
gique d'une première vue.

Robert était auprès du marquis
quand sa fille se présenta pour
lui rendre ses devoirs. Qui pourra
se faire une idée de son étonnement ; il fut extrême , et il resta
immobile : pour elle , toute entière
aux caresses de son père qui l'aimait beaucoup , et qu'elle chéris-
sait avec une égale tendresse, elle
fit peu d'attention à Robert, et le
salua avec indifférence ; elle quitta
ensuite l'appartement du marquis
pour passer dans celui de sa mère

Robert, à son départ, se sentit agité, son cœur battait avec force ; il semblait que son ame suivait les pas de mademoiselle de ... , et néanmoins, par un caprice indéfinissable, il se sentit soulagée par son départ ; et il lui sembla qu'il respirait plus librement.

Il cherchait en lui - même la cause de ce qu'il éprouvait, lorsque M. de ... le tira de sa rêverie en lui demandant ce qu'il pensait de sa fille. Cette question l'embarrassa ; et sans savoir pourquoi, il craignit de se compromettre par la manière dont il ferait son éloge ; il hésita donc, et le marquis, croyant qu'il ne l'avait pas entendu, renouvella la question.

« Je ne sais trop, monsieur le marquis, lui dit-il, comment répondre; la beauté de mademoiselle de... est si supérieure à tout ce que j'ai vu de plus admirable; que je crains avec raison, que mes éloges ne soient indignes d'elle et beaucoup au-dessous de la vérité. »

L'amour-propre de M. de... fut flatté de la réponse de Robert, et voulant lui témoigner toute la confiance qu'il avait en lui, il lui fit part des projets qu'il avait formés pour le bonheur de sa fille. Robert l'entendit à peine, il sentait avec surprise, son cœur, oppressé; il détestait sans le vouloir le comte de... La jalousie s'emparant de son cœur en même tems que l'amour, il n'eut jamais la force d'applaudir au discours du marquis, et ne répondit à sa confidence que par un profond silence. Monsieur de... qui était bien éloigné d'en deviner la cause n'y fit même pas d'attention ; et continua de pérorer avec une telle volubilité sur son gendre futur, et sur les avantages de cette union, que Robert n'eut pas besoin de chercher ce qu'il pourrait lui dire de convenable, et il fut charmé d'avoir la facilité de se taire. Cette conversation dont le marquis fit tous les frais, dura jusqu'au dîner.

Notre héros ne s'y trouva pas ; il s'absenta sous un léger prétexte, et sortant de l'hôtel par le jardin qui donnnait sur les boulevards, il prit tristement le chemin de Belleville, et s'enfonça dans les Prés-St.-Gervais ; là il s'assit, et chercha à se recueillir pour pénétrer la cause de ce qu'il éprouvait depuis

le matin, il tremblait de descendre
au fond de son cœur : néanmoins
il s'interroga scrupuleusement lui-
même et ne put se dissimuler qu'il
aimait Blanche éperduement.

Quelle découverte ! combien
elle l'affligea ! Ce fut alors qu'il regretta bien sincèrement d'avoir
quitté la maison de son père ; il
attribuait son malheur à son entrée
chez M. de ... : il se trompait cependant, car sa qualité de simple
coëffeur eût pu lui fournir l'occasion de voir cette dangereuse
beauté aussi bien que sa place de
secrétaire : néanmoins il déplora
son triste sort, et en pressentit bien
toute l'horreur. Qu'allait-il devenir ? tantôt il voulait vaincre sa
folle passion, dût-il en mourir ;
une minute après il concevait un

espoir chimérique de lui faire partager son amour. Ce dernier plan
lui plut, et il s'y arrêta avec complaisance. L'idée d'être. aimé de
Blanche lui fit goûter un instant
de bonheur : un peu de réflexion
vint bientôt détruire cette douce
illusion. « A quoi penses-tu, malheureux Robert, s'écria-t-il ? c'est
donc toi, vertueux jusqu'alors,
qui ose t'élever jusqu'à la fille de
ton maître, et former tacitement
le projet de la séduire, en la
rendant complice de ta coupable
ardeur ! Infortuné ! dans quel affreux précipice une aveugle passion va-t-elle te conduire ! Allons,
ajouta-t-il en se levant, il n'y a point
de milieu à prendre, il n'y a qu'un
parti violent qui puisse me tirer
de l'abîme dans lequel je suis près

de tomber ; il faut que je quitte
dès aujourd'hui la maison de mes
protecteurs, ils me croiront léger,
ingrat, mais au moins j'aurai ma
conscience pour moi. Hélas! s'il m'é-
tait possible de leur déclarer mes
motifs, ils m'aplaudiraient et m'es-
timeraient davantage, mais non,
cette derniere et faible consolation
m'est interdite. Souffrir, et me taire
voilà le seul espoir que je puisse
avoir.

Il regagnait l'hôtel, le cœur déchiré, mais cependant dans la
ferme résolution de prendre congé
du marquis en rentrant ; il marchait lentement, et des larmes de
désespoir, roulaient dans ses yeux,
quand une rencontre singulière
vint ralentir sa marche, et sus-
pendre pour un instant ses douleurs.

CHAPITRE V.

La Tireuse de Cartes.

A l'instant où il quitta les bois charmans de Boucainville , une femme d'environ quarante - huit ans , s'accosta de lui. Avant de faire connaître au lecteur ce qu'était cette créature, je vais essayer d'en donner une idée.

Qu'on se figure une femme de cinq pieds deux pouces , presque mulâtre , ayant des traits masculins , de grands yeux noirs , d'une expression dure et hardie, une parole brève , un ton prophétique, une démarche mâle; pour sa toilette , c'était bien autre chose.

Elle était vêtue d'une jupe de serge noire , et par - dessus , une robe ouverte de très-grose indienne et qui avait si peu d'empleur qu'elle ne l'envelopait pas à demi ; elle avait un tablier de même étoffe que le jupon ; un mantelet noir , doublé de jaune ; pour sa coëffure , elle s'accordait au reste : elle avait un mauvais bonnet surmonté d'un chapeau de taffetas noir, presque rouge , atta-.ché sous son menton avec des rubans citron.

Cette singulière femme , qui avait retenu quelques exclamations de notre malheureux jeune homme , l'aborda ainsi.

« Vous avez du chagrin , monsieur?

—» Oui , madame : et Robert , marchait toujours.

— » L'amour , à votre âge , cause bien des peines :

— » Vous avez raison. Mais comment savez-vous si c'est l'amour qui m'afflige dans le moment.

—» Il est si aisé de voir quand un jeune homme est amoureux ! d'ailleurs il est un art précieux qui nous aide à lever le voile du destin , et à consoler les infortunés , par la connaissance certaine de l'avenir qui les attend.

—» Quel galimatias me faites-vous , et de quelle science voulez-vous me parler, s'écria Robert.

—» C'est, mon beau monsieur, la cartonomancie ; à l'aide de mes cartes, je peux vous apprendre ce que fait votre maîtresse , si elle répondra à votre amour , si vous l'épouserez , quelle sera votre for-tune , combien vous aurez d'en-fans ; de plus je vous expliquerai vos songes , quels qu'il puissent être. »

Robert était étourdi du bavar-dage de cette femme ; néanmoins , il ne put s'empêcher de sourire, et sur la proposition réitérée qu'elle lui fit de lui dire sa bonne aven-ture, il la fit entrer dans un ca-binet , et ayant demandé une chambre particulière, il fit placer devant la prophétesse un morceau de rôti , et une bouteille du meil-lieur vin , excellent spécifique pour échauffer son imagination , et lui donner plus de capacité pour lire dans le livre du destin.

Quand l'honorable magicienne eut sablé les trois quarts de la bouteille et dévoré la viande que Robert lui avait servie, elle tira ses cartes, et les ayant distribuées avec une gravité vraiment comique, elle les considéra quelques minutes avec attention, puis s'adressant à mon héros, soit qu'elle eût écouté le triste soliloque qu'il avait fait dans les bois de Boucainville, ou qu'elle parlât par conjecture, elle lui dit qu'il aimait une demoiselle plus riche que lui, qu'il éprouverait bien des persécutions, mais qu'elles se termineraient heureusement et qu'il épouserait un jour son amie, avec laquelle il vivait dans une parfaite union. Vous aurez, lui dit-elle, un enfant avant d'être marié ; il par-

tagera vos malheurs, et s'en repen-
tira vivement.

Elle termina là ses prédictions, et quoique Robert fût peu cré- dule , il ne put s'empêcher de fixer son attention sur quelques particularités dont elle l'avait en- tretenu. « En tout cas, lui dit-il ; donnez-moi, votre adresse , et si vous me dites la vérité, je saurai vous récompenser dans un tems plus heureux.

Elle lui obéit , et après avoir reçu six francs qu'il lui donna, ils sortirent alors du cabaret, et étant arrivés au boulevart , ils se sépa- rèrent , elle pour aller faire de nouvelles pratiques , et lui pour exécuter l'héroïque résolution qu'il avait prise dans l'après - midi.

CHAPITRE VI.

Un regard peut tout changer.

QUAND Robert fut de retour, il chercha l'occasion de voir le marquis en particulier, ce fut en vain, M. de*** était sorti, et il ne trouva dans le sallon, que la marquise et sa fille; il fut très-surpris et fâché même de ce contretems; cependant comme madame de*** l'avait demandé, il se présenta devant elle pour prendre ses ordres: elle lui fit alors des reproches obligeans sur son absence; il y répondit de son mieux.

Blanche qui le matin l'avait à

peine apperçu, le fixa avec attention et rougit prodigieusement.
Robert la regarda aussi ; leurs
yeux se rencontrèrent et Robert
se hâta de baisser les siens , mais
il n'était plus tems , un regard de
Blanche avait détruit toutes ses
résolutions , et dès le moment , il
s'abandonna au torrent , et n'é-
couta plus que son amour pour
elle. Il avait cru voir de l'intérêt
dans ses beaux yeux, c'en fut assez
pour lui faire faire intérieurement
le serment de l'aimer toujours,
quoiqu'il pût lui en arriver.

La conversation alors devint gé-
nérale , et la présence de l'objet
adoré animant le jeune homme , il
y fit paraître tout son esprit. Pour
mademoiselle de ... , elle parlait
peu et soupirait souvent. Robert

le remarqua, et se figura aisément qu'elle avait deviné son amour, et qu'elle était disposée à y répondre. Le reste de l'après - diné se passa de la sorte, le soir amena les visites et le jeu, et l'instant de se retirer étant venu, notre héros fut chargé de lui donner la main jusqu'à son appartement. Il crut en chemin s'appercevoir que la sienne tremblait. Que veut dire cela, pensa-t-il en lui-même? aurais-je eu le bonheur de plaire à mademaiselle de... ? oh! si je pouvais la rendre sensible, que mon sort serait digne d'envie! Les prédictions de la tireuse de cartes revinrent alors à sa mémoire, et l'avenir le plus heureux se présenta à ses yeux, il oublia toutes les peines que, suivant elle, il devait essuyer, et ne vit plus que la félicité dont il devait jouir. Tout entier à ces flatteuses idées, il gardait un profond silence, et il était déjà dans la chambre de Blanche, qu'il ne pensait ni à le rompre, ni à s'en aller. Mademoiselle de..., dont l'embarras était égal au sien, ne parlait pas davantage, et cette scène muette aurait été ennuyeuse pour un spectateur indifferent. Blanche fut tirée de sa rêverie, par Thérèse, sa femme-de-chembre, qui lui demanda si elle allait se déshabiller tout de suite. Cette question la rappella à elle-même et lui fit appercevoir le ridicule dont elle se couvrait ; de sorte qu'elle rougit prodigieusement. « Monsieur, dit-elle, à Robert, je vous suis obligée de la peine que vous avez prise. Robert crut voir dans le remerciement, un ordre de se retirer ; il la salua donc avec respect, et se mit en devoir de sortir ; elle le rappella.

« Savez-vous la musique ?

—» Oui, mademoiselle.

—» En ce cas, demain matin ; nous nous rejoindrons chez mon père, et nous en ferons un peu ensemble. Robert, charmé de cette espèce de rendez-vous, la remercia de l'honneur qu'elle daignait lui faire en l'associant à ses occupations, et le cœur plein d'espoir, il se retira dans sa chambre.

CHAPITRE VII.

Le Courage de l'amour.

LE corps - de - logis dans lequel
mademoiselle de... couchait était
sur l'aile droite de la maison, et se
trouvait à l'autre extrêmité de celui que les domestiques habitaient.
L'appartement de Blanche était
précisément au-dessous de celui
qu'on avait donné à Robert. Celui-
ci, plus occupé de son amour,
que pressé de sommeil, voulant y
rêver d'une manière plus délicieuse, en jouissant de la fraîcheur d'une nuit superbe, se dé-
barrassa d'une partie de ses ha-

bits , et ayant ouvert sa fenêtre, il s'y plaça et se mit à réfléchir sur sa situation. L'heure, le lieu , les circonstances , tout était propre à lui inspirer une douce mélancolie. Sa fenêtre donnait sur le boulevart , et de tous côtés , il avait en perspective les ormes qui ombragent cette promenade continuelle; les branches touffues obscurcissaient un peu la beauté de la lune dont les rayons argentés perçaient avec peine jusqu'à lui ; l'odeur suave des fleurs qui embellissaient le petit parterre qui ornait la maison de ce côté, montait jusqu'à lui, et l'embaumait des plus doux parfums. Le chant du rossignol, et le cri plaintif de la chouette troublaient seuls le silence auguste et majestueux de la nuit; toute la nature , excepté Robert , était ense-

velie dans un profond sommeil, et
le calme dont il était environné,
contrastait parfaitement avec l'a-
gitation de son cœur.

Tout entier à son amour, et au
tableau magnifique qui s'offrait à
sa vue , mon héros était plongé
dans une extase tenant de l'anéan-
tissement. Il avait oublié l'obstacle
insurmontable qui éloignait de lui
l'objet de son amour ; Blanche
seule, parée de tous ses charmes ,
se présentait à son imagination ,
en un mot, Robert jouissait d'un
instant de bonheur, bonheur idéal,
à la vérité ; mais qu'importe ? cette
jouissance imaginaire suffisait dans
ce moment à son cœur sensible ,
il n'en désirait pas d'autres, et ses
sens étaient comme absorbés dans
une délicieuse ivresse.

Tout-à-coup , un bruit sourd
frappe son oreille ; il croit entendre
ouvrir doucement une porte ; il
écoute attentivement, et son cœur
palpite , sans qu'il en sache la
cause ; alors il entend distincte-
ment une voix plaintive qui ap-
pelle au secours ; il s'imagine
qu'on le nomme , et si son cœur
ne l'abuse pas , cette voix qui ré-
clame sa protection, est celle de sa
bien aimée. Eperdu, hors de lui, il
saute sur un pistolet, et sans s'inquié-
ter du désordre de sa toilette , il sort
de sa chambre, et descendant lé-
gèrement l'escalier, en une minute,
il est dans l'appartement de mademoiselle de..., dont il a trouvé les portes ouvertes. En entrant
dans la chambre à coucher, quel
spectacle s'offre à sa vue ; il voit ,

à la lueur d'une veilleuse l'adorable Blanche, aux pieds de laquelle tout l'univers voudrait être à genoux, à demi nue, devant un scélérat dont elle implore la pitié. C'est en vain qu'elle lui demande la vie, ni les charmes, ni les pleurs de cette intéressante créature ne peuvent rien sur l'ame féroce et sanguinaire de ce monstre. Il la saisit par ses longs cheveux, et le mouvement de son bras meurtrier annonce qu'il va consommer son crime. Tout-à-coup Robert arme son pistolet, et l'ajuste avec tant d'adresse, que l'assassin blessé mortellement lâche sa victime, qu'il n'a plus la force de retenir, et tombe aux pieds de Blanche que son libérateur retient dans ses bras, à demi évanouie,

Robert se hâta de la replacer dans son lit, et craignant de l'abandonner à quelque nouveau danger, en la quittant une minute pour aller éveiller les domestiques, il se contente de sonner de toute la force de son bras. Il s'assit ensuite auprès du lit de mademoiselle de..., qui commençait à reprendre ses sens. « Recevez tous mes remerciemens, lui dit-elle ; vous êtes mon libérateur, et ma reconnaissance durera autant que l'existence que vous m'avez conservée par votre courage.

—» Vous ne me devez rien, lui dit Robert, et j'ai fait mon devoir. Ah! si vous saviez, ajouta-t-il, quel est mon égarement, le mépris remplacerait bientôt l'estime que vous voulez bien m'accorder.»

A peine eut-il prononcé ces mots, craignant d'en avoir trop dit, il se tut, et poussa un profond soupir ; cependant mademoiselle de… , avait très-bien compris le sens des paroles de Robert , et son cœur parlait trop en faveur de son amant, quoiqu'elle s'offensât de sa déclaration. Elle le regarda donc avec plus de tendresse que de courroux. « Je vous entends trop bien, lui dit-elle ; ah ! mon cher Robert, que nous sommes malheureux ! »

Cette exclamation , et les larmes qui baignaient les paupières de Blanche, en avaient assez appris à l'amoureux jeune homme , et il allait rendre graces à son amante du retour qu'elle accordait à sa flamme, lorsque les domestiques se faisant entendre , mi-

rent fin à une conversation si intéressante pour nos jeunes gens.

Les gens du marquis de... par-
rurent et ne furent pas peu surpris
de trouver Robert, sans habit, sans
col, et sans bas, dans la chambre
de leur jeune maîtresse, à près de
deux heures du matin : ils crurent
sans balancer qu'il avait voulu
l'outrager ; mais leur étonnement
fut bien plus grand, quand ils
virent l'assassin gissant sur le parquet, et que Blanche leur apprit
les obligations qu'elle avait à mon
héros, dont elle exalta le courage
avec un enthousiasme, qui décelait
assez ses sentimens, et qui n'é-
chappa pas à l'œil perçant des
valets. Néanmoins, ils suspendi-
rent leurs conjectures pour s'occuper du présent, et conclurent

avec Robert, qu'ils devaient éveiller M. et madame de... , et prendre leurs ordres , relativement au
malheureux que Robert avait couché par terre et qui respirait encore. Les premiers instans passés ,
ils s'étonnèrent que la femme-de-
chambre de mademoiselle de... ,
n'eût pas répondu à la sonnette ni
au bruit qui se faisait. On fut donc
dans sa chambre, on trouva cette
pauvre fille privée de sentiment ;
on eut beaucoup de peine à la
faire revenir et elle rapporta qu'elle
avait entendu les cris de sa maîtresse, et que la frayeur l'avait fait
évanouir. Rendue à elle-même, elle
se leva, et Blanche ayant passé une
robe , elle prit le bras de son libérateur. Les domestiques portè-
rent à deux le corps de l'assassin,

et tout ce cortège se rendit dans la chambre à coucher de M. de... qu'on avait averti : sa fille se jeta dans ses bras, et lui fit le récit de tout ce qui s'était passé. Le marquis pénétré de ce qu'il devait à Robert, l'embrassa tendrement : « Désormais, mon ami, lui dit-il, vous n'avez plus d'emploi ici, vous serez notre ami, et je saurai vous mettre dans le cas de vivre indépendant, chez moi ou ailleurs, vous serez le maître ; mais souvenez-vous que, dès ce moment, je vous regarde comme mon second fils.

Robert ne pouvait trouver d'expression pour remercier M. de... néanmoins il se trouvait humilié qu'on voulût payer un service pour lequel il ne désirait qu'une

seule récompense , récompense
qu'il était bien sûr de ne jamais
posséder du consentement du marquis. Cette réflexion allait lui faire
refuser la fortune qui lui était of-
ferte, un regard de Blanche lui fit
tout accepter.

De l'appartement du marquis ,
on passa dans celui de son épouse;
quoiqu'elle traitât d'ordinaire sa
fille assez froidement , le danger
qu'elle avait couru ranima en elle
la tendresse maternelle ; elle lui
témoigna, av ec affection , la joie
qu'elle resse ntait de la voir échap-
pée au péril dont elle était me-
nacée , sans le secours de Robert.
Elle lui demanda ensuite de quelle
manière ce misérable s'était introduit auprès d'elle ; elle rapporta
qu'environ un quart-d'heure après

qu'elle avait été couchée, elle avait
été effrayée d'entendre ouvrir sa
porte; elle avait regardé et avait
vu le voleur qui s'approchait de
la cheminée pour prendre sa montre, et ses boucles d'oreilles qui y
étaient attachées. Alors son premier mouvement ayant été de s'é-
crier, c'était en ce moment que cet
homme l'avait fait sortir de son
lit, et avait témoigné le dessein de
l'égorger : la peur alors lui donnant des forces, elle avait appelé
Robert à qui elle devait la vie.

Madame de... joignit ses remerciemens à ceux de son époux, et
l'aurore commençant à paraître,
chacun se retira, pour jouir du
repos, dont-ils avaient été privés
dans cette nuit orageuse. Robert
resta cependant auprès du mar-

quis, et ayant fait donner des secours au voleur, il reprit assez
de force, pour répondre aux questions d'un commissaire qu'on avait
appelé. Il assura qu'il n'avait pas
de complice, et que si mademoiselle de ... ne se fût pas éveillée,
il se serait contenté de prendre
tout ce qui avait de la valeur, vu
qu'il pouvait l'enlever aisément ;
mais qu'il n'aurait jamais attenté à
ses jours. Quelques minutes après
cet interrogatoire, cet homme rendit le dernier soupir. M. de ... ne
voulant pas faire éclater cette af-
faire, le fit enterrer à ses dépens,
et de l'aveu du commissaire le pro-
cès n'alla pas plus loin.

CHAPITRE VIII.

Réflexions de Blanche.

———

QUOIQUE mademoiselle de ... se fut remise au lit, elle n'avait jamais pu fermer les yeux, le souvenir du danger qu'elle avait couru, aurait seul été capable d'éloigner d'elle le sommeil bienfaisant. L'image de Robert vint augmenter son agitation ; elle commença trop tard, hélas ! à ouvir les yeux sur les malheurs qui devaient nécessairement être les suites de son fatal amour. Quelle serait la colère de ses parens, s'ils venaient à s'appercevoir qu'un jeune homme,

sans fortune, sans naissance, avait
su captiver le cœur de leur fille !
Que ne devait-elle pas craindre
alors de leur vengeance, non-seulement pour elle, mais encore
pour l'objet de sa tendresse ! Et
son frère, dont la fierté surpas-
sait encore celle de ses nobles parens, il n'y avait pas de doute
qu'il sacrifierait, sans balancer,
l'amant et la maîtresse à son ressentiment. Cette dernière pensée
la fit frémir, non pas pour elle,
mais pour Robert. Il aurait été si
heureux, disait-elle, s'il ne m'a-
vait pas connue. Ce fut dans ce
moment qu'elle regretta bien sincèrement la paisible retraite, qui
n'aguères lui semblait si ennuyeuse.
De ce regret naquit bientôt un autre
sentiment ; l'amour pouvait bien

lui faire oublier son rang , mais il ne pouvait pas l'aveugler au point de lui donner l'espoir de jouir jamais du bonheur des amans heureux ; elle résolut donc de retourner dans son couvent et d'y prendre le voile : « j'oublierai Robert se disait-elle , dans le sein de la divinité ; ne pouvant être à lui , je ne serai pas à un autre , et il ne pourra s'offenser de me voir préférer le créateur à la créature. Lui-même ne me voyant plus chaque jour entourée d'objets aimables et nouveaux , dont aucun obstacle ne l'éloignera , aura bientôt banni de sa mémoire , et la malheureuse Blanche , et le sacrifice qu'il lui coûte ! »

Cette dernière pensée lui arracha des larmes ! Tel est le despo-

tisme de l'amour ; elle voulait
bien oublier Robert , si cela lui
était possible , mais elle ne voulait
pas que Robert l'oubliât. Son tendre et faible cœur se révoltait à la
seule pensée de le voir dans les
bras d'une autre , et la crainte que
ce nouveau malheur lui arrivât ,
faillit lui faire perdre de vue l'héroïque résolution qu'elle venait de
prendre. Elle surmonta cependant
toutes les idées qui tendaient à l'é-
loigner de son dessein , et elle attendit avec une sorte d'impatience
l'instant de se présenter chez sa
mère pour lui demander son consentement.

Pendant que notre héroïne s'a-
gitait ainsi , et s'occupait de son
amour d'une manière si contraire
aux vœux de son amant , celui-ci

n'était pas moins inquiet, mais sa situation était beaucoup plus douce, il ne doutait plus de la tendresse de Blanche, et cette certitude seule faisait toute sa félicité; il ne voyait plus l'intervalle qui les séparait ; la noblesse de son amante, et la distance où cette noblesse le plaçait avaient disparu à ses yeux ; il ne voyait plus qu'elle, et son image chérie le transportait dans l'Olympe: «je l'adore, elle m'aime, disait-il, je ne puis qu'être heureux ! »

C'est ainsi que dans un chemin couvert de fleurs on ne voit pas le scorpion qui nous attend et nous guette pour nous faire payer de sa piqûre mortelle le plaisir que nous avons goûté à fouler leur émail, et à savourer l'odeur de leurs parfums.

Il passa de la sorte le reste de la nuit. M. de ... qu'il n'avait pas quitté, interrompait quelquefois ses réflexions, mais c'était pour parler de Blanche, et ce nom si cher lui faisait entendre, avec plaisir, toutes les radoteries du bonhomme, qui redisait vingt fois la même chose, et ne tarissait pas, quand il était question de sa fille.

Le lendemain, le marquis s'empressa de tenir sa parole, et il plaça, au nom de Robert, une somme de cent mille livres, à perpétuité. Ce revenu devenait pour le jeune homme des moyens assurés d'une existence honnête et paisible. M. de ... y joignit des présens considérables, et déclara hautement à toute sa maison, que Robert n'était plus à son service;

qu'il était son ami , et que son intention était qu'on le regardât
comme tel.

Aussitôt qu'il fit jour chez la
marquise , son époux lui présenta Robert , sous le nouveau
titre qu'il venait de lui donner.
Madame de . . . les reçut fort bien ,
et comme elle l'avait toujours regardé de bon œil , elle fut fort sa-
tisfaite des égards qu'on allait avoir
pour lui.

Le frère de mademoiselle de . . .
étant arrivé de Versailles le même
jour, fut aussi instruit de tout ce
qui s'était passé ; il fit beaucoup
d'accueil à Robert , et le remercia
de lui avoir conservé sa sœur ;
mais malgré sa politesse et ses discours étudiés , notre héros démêla
aisément que le comte de . . . était

un homme faux, dont tous les complimens provenaient d'une formule d'usage qu'il s'était faite, et qu'il savait adapter aux différentes circonstances dans lesquelles il se trouvait.

CHAPITRE IX.

Premières peines.

———

BLANCHE, comme je l'ai dit, attendait le moment de faire part de son dessein à sa mère ; il lui fut impossible de se trouver seule avec elle, la bonne dame avait assez d'occupation à raconter à tous ceux qui venaient le danger que sa fille avait couru, et les obligations que toute la famille avait à Robert pour le courage avec lequel il avait secouru Blanche.

Une semaine se passa de la sorte; Robert avait en vain cherché les moyens de renouer l'entretien que

l'arrivée des domestiques avait interrompu : mademoiselle de ...,
se méfiant d'elle - même, l'évitait
avec soin, et son amant pensant
qu'elle se repentait de l'aveu ta-
cite qu'elle lui avait fait de ses sentimens, commença à se trouver
malheureux et à sentir les premières peines de l'amour. Cependant, en examinant le maintien
de son amie, il le trouvait gêné;
chaque fois que ses regards se
fixaient sur lui, elle changeait de
couleur. Sans avoir une grande
expérience, il était aisé de s'appercevoir qu'elle essuyait intérieurement de cruels combats ; d'ailleurs le dépérissemsnt de sa santé
était une forte preuve de la violente agitation de son ame ; elle
changeait à vue d'œil, et il était

probable que si sa situation ne changeait pas, elle ne résisterait pas à ses chagrins.

Le marquis voyant la maladie de sa fille, l'attribua à toute autre cause, et s'imagina que ce serait lui rendre service que de hâter son mariage; il fit donc prier le comte de S.... de venir dîner chez lui, et lui annonça que sa fille était sortie du couvent. Celui-ci, ravi de cette bonne nouvelle, se rendit promptement à l'invitation du marquis, et lui demanda sa fille, avec toutes les cérémonies que l'usage consacre en pareil cas.

Blanche était loin de prévoir l'orage qui la menaçait; elle avait fait peu d'attention au comte, et ni ses propos galans, ni ses soins empressés n'avaient fait sur son cœur aucune impression favorable. Robert d'ailleurs l'occupait tout entier ; et, quoique le comte fût très-aimable, et même bel homme, mademoiselle de...ne se sentit pas la plus légère disposition à l'aimer.

Le comte passa la journée toute entière au sein de sa future famille, à laquelle il convenait on ne peut pas mieux. Le lendemain le marquis fit appeler sa fille, et lui fit part de ses volontés ; il ne doutait pas du plaisir qu'il allait lui faire. Quelle fut sa surprise, quand il la vit fondre en larmes!

« Que veulent dire ces pleurs, s'écria le marquis? le parti qui se présente a-t-il quelque chose de déshonorant, ou avez-vous quelqu'objection juste à me faire sur l'époux que je vous propose? »

. Blanche l'assura que non, et elle lui déclara, au milieu des sanglots, qu'elle n'était pas dans l'intention de se marier, et que le cloître était ce qui lui convenait le mieux.

« Quelle singulière fantaisie, dit M. de . . . ! que ne parliez - vous plutôt, je n'aurais pas donné ma parole ; mais à présent que j'ai promis votre main, il n'est plus en mon pouvoir de me dédire ; d'ailleurs cette folie vous passera sans doute, et vous me saurez gré un jour de n'avoir pas écouté votre caprice.

— »Ma résolution est prise, répondit timidement Blanche , et rien au monde ne pourra me faire changer.

—» Nous verrons,» dit M. de . . .;

et il lui tourna le dos pour aller faire part à son épouse de la résistance de sa fille.

La marquise fut fort piquée d'apprendre que Blanche osait avoir des volontés ; cependant elle ne prit pas l'alarme aussi aisément que le marquis, qui croyait déjà voir sa fille religieuse ; elle l'assura que tout cela ne serait rien, et qu'elle se faisait fort de faire faire à Blanche tout ce qu'il lui plairait.

Content de sa promesse, M. de... la quitta, et suivant sa coutume il fit appeler Robert et lui conta la scène qui venait d'avoir lieu entre lui et sa fille ; il mettait tant de feu dans son récit, qu'il ne s'apperçut pas de l'émotion qu'il lui causait : notre infortuné jeune homme était sur les épines, et chaque fois que son bienfaiteur prononçait le nom du comte, il sentait son cœur palpiter, et pendant cette pénible conversation, il changea vingt fois de couleur.

Le marquis termina son discours en le chargeant de parler à Blanche. « Vous avez toute ma confiance, mon cher Robert, lui dit-il, je ne saurais mettre mes intérêts dans de meilleures mains; d'ailleurs, ma fille a de l'estime pour vous, et je ne doute pas qu'elle ne vous écoute plus que moi : mon ami, ajouta-t-il, si vous pouvez la détourner de son funeste dessein, je vous la devrai une seconde fois. »

Robert qui n'était pas fâché d'avoir un prétexte pour pénétrer chez mademoiselle de..., se chargea de la commission que lui don-

nait le marquis, et quoiqu'il ne sût
pas trop quoi lui dire , il n'en fut
pas moins charmé d'avoir une
occasion de se trouver avec elle.

Voulant donc profiter de la circonstance, il se rendit tout de suite
à l'appartement de Blanche , et
demanda à la voir , de la part du
marquis. Blanche n'osant refuser
le message, le fit entrer, malgré la
révolution que cette visite allait
lui causer : nous en verrons le résultat dans le chapitre suivant.

CHAPITRE X.

Sermens.

ROBERT resta quelque tems dans l'appartement de Blanche , sans oser parler ; elle était à-peu-près aussi interdite : cependant elle rompit la première ce pénible silence.« Quel sujet vous amène, dit-elle , et quel intérêt peut vous inspirer une infortunée que le malheur accable ? si vous connaissiez l'étendue de mes chagrins , vous les respecteriez sans doute; mais , tel est mon sort , souffrir et me taire, je n'ai pas d'autre ressource.»

Robert hasarda alors de s'ac-

quitter d'une partie de ce dont il
s'était chargé, et il fit tous ses
efforts pour la détourner de sa funeste résolution ; il mit dans ses
prières toute l'éloquence de l'a-
mour, et il fut facile à Blanche de
connaître combien elle lui était
chère : aussi, entraînée elle-même
par une impulsion plus forte que
toutes ses résolutions, lui avoua-
t-elle l'amour qu'elle avait pour
lui. Il serait impossible de peindre
les transports de l'amoureux Robert ; ils furent extrêmes, et il oublia, dans ce moment, et le marquis, et son rival. Mademoiselle
de... aussi émue que son amant,
n'y songeait pas davantage, et dans
cet instant tout, jusqu'à l'inégalité
des conditions, disparut à leurs
yeux ; cet instant de bonheur passa

comme un éclair, et le sentiment
des maux qui les menaçaient, reprit la place de l'enthousiasme qui
les avait exaltés. A quoi notre fatale passion peut-elle nous mener?
Jamais mes parens ne consentiront
à un mariage qui renverserait leurs
desseins et anéantirait en même
tems leur orgueil et leurs préjugés ; d'ailleurs mon père, esclave
de sa parole, ne consentirait pas
pour rien au monde à retirer celle
qu'il a donnée au comte de S...
Je n'ai donc d'autre parti à prendre que le cloître, pour me soustraire aux volontés tyranniques
d'un père ambitieux, et qui, malgré sa tendresse pour moi, me
verrait plutôt mourir que de me
rendre heureuse aux dépens de ce
qu'il nomme son honneur.

« Je sais bien un moyen, lui dit Robert, ô mon adorable, amie! si j'osais vous le proposer !

— » Et quel est-il ?

— » La fuite, dit timidement Robert.

— » Et c'est vous qui formez de sang - froid le projet de me ravir l'honneur par un enlèvement! ah! Robert, faudra-t-il que je me me repente de vous avoir donné mon cœur? Insensé! l'amour, j'aime à le croire, vous égare et vous fait oublier vos devoirs et les miens. De quel œil seriez-vous vu désormais, si les dons d'un père vous servaient à le priver de sa fille? Croyez-moi, mon ami, de cruels remords suivraient bientôt cette folle démarche. Pour moi, je ne consentirai jamais à nous perdre tous deux par une fuite honteuse ; respectons-nous nous - mêmes , et sachons rendre notre amour recommandable aux yeux même de nos persécuteurs, par la prudence avec laquelle nous nous conduirons. »

L'impétueux Robert n'avait pas entendu sans impatience des raisons si contraires à ses vœux : « Je sais dit-il, à mademoiselle de ... , avec l'accent étouffé du désespoir, quelle est ma témérité , d'oser espérer du retour à ma tendresse , quand j'élève mes regards audacieux jusqu'à la fille de mon maître. Oubliez , de grace, cette injure , et le malheureux qui s'en est rendu coupable : la mort ensevelira bientôt jusqu'à son souvenir. »

En finissant ces paroles, Robert

allait se retirer. Blanche, épou-
vantée de l'égarement de ses yeux,
et du changement de ses traits, le
retint : « Arrêtez, ingrat ! s'écria-
t-elle, de quel droit doutez-vous
de ma tendresse, après l'aveu que
je viens de vous faire? J'ai pitié de
votre situation, et je veux bien
vous assurer de nouveau, que ne
pouvant être à vous, je ne serai
jamais à d'autres. Je vous donne
mon cœur, c'est la seule chose
dont je puisse disposer, mais
pour me laisser jamais entraîner
à des démarches indignes de moi..

— «Ainsi reprit douloureusement
l'infortuné jeune homme, je dois
renoncer pour toujours au bonheur ; jamais, non jamais Blanche ne sera l'épouse de Robert. »
Fatale naissance ! ajouta - t - il.
Cruelle grandeur !

— » J'en gémis avec vous, mon bon ami , mais nous devons tout attendre du tems , et espérer un avenir plus heureux : nous sommes assez jeunes tous deux pour prendre patience , et si vous m'aimez véritablement , la possession de mon cœur , suffira pour calmer vos transports et vous donner la force de supporter tous les désagrémens d'un amour malheureux. Hélas ! que ne suis-je née d'une caste plus obscure ? rapprochés l'un de l'autre par l'égalité des conditions , nous eussions pu nous livrer sans crainte au doux penchant d'une tendresse mutuelle , nos parens auraient applaudi à notre amour , les bénédictions paternelles nous auraient accompagnés à l'autel.

Le ciel en ordonne autrement ,
il n'est pas en notre pouvoir de
changer ses décrets , résignons-
nous, cher Robert, laissons passer
les orages, et attendons un tems
plus serein.

— » Mais cependant , que vais-
je dire à votre père , quand il me
demandera quelles sont vos dispositions. En lui annonçant que
vous persistez à vous retirer dans
le cloître , croyez-vous que l'é-
motion que j'éprouverai ne me
trahira pas. De grace, quittez ce
funeste dessein , il est d'autres
moyens de vous opposer à la con-
clusion de l'affreux mariage qu'il
veut vous faire contracter. »

La voix d'un amant est bien
puissante ! Blanche céda à la prière
de Robert , et ils convinrent que

celui-ci dirait au marquis que sa
fille renonçait au couvent, mais
qu'il lui était impossible de se fa-
miliariser avec la pensée d'épouser
le comte ; que sa répugnance , à
cet égard , était invincible , et
qu'elle espérait de la bonté de ses
parens , qu'on ne la presserait
pas à cet égard.

Satisfait de la résolution de son
amie , notre héros se jeta à ses
pieds , et la remercia mille fois
de ce qu'elle consentait à rester.
« Hélas! lui dit Blanche , c'est encore à vous que je fais ce sacrifice ,
mais je crains bien que mon séjour ici ne nous rende plus malheureux. » Robert était loin de
partager , à cet égard , l'opinion
de sa bien aimée , et il la quitta ,
pour aller rendre compte au marquis de sa pénible mission.

C H A P I T R E XI.

L'orage se forme.

L E marquis était dans la dernière impatience de connaître la décision de sa fille ; mais il ne l'eut pas plutôt apprise que la colère vint remplacer sa bonté ordinaire, et qu'il jura hautement, qu'avant huit jours, elle serait l'épouse du comte. Il alla lui-même lui annoncer cette fatale nouvelle, et il lui signifia qu'elle ne sortirait de la chambre que pour aller à l'autel ; et sans lui laisser le tems de répondre, il la quitta, et défendit aux domestiques qu'on lui laissât

voir personne, pas même sa femme-
de-chambre. Après avoir donné
cet ordre, il courut trouver son
épouse, qui n'étant pas fâchée de
contrarier un peu sa fille, applaudit à tout, et s'imagina aussi que
ce moyen était excellent pour ré-
duire Blanche, et la soumettre à
leurs volontés.

Elle se trompait cependant :
notre héroïne avait l'ame fière et
sensible, et la rigueur dont on en
usait envers elle, l'étonna et l'ai-
grit, mais ne la disposa pas à
l'obéissance ; au contraire, elle se
repentit de n'avoir pas écouté Robert, quand il lui avait fait la
proposition de fuir. A force de
regretter d'avoir fait son devoir,
elle en vint presque à désirer que
son amant fît de nouvelles tenta-

tives pour la soustraire à l'auto-
rité arbitraire de ses injustes parens. Situation dangereuse pour
une jeune personne ! de ce sentiment à une faute , il n'y a qu'un
pas , et dès qu'une femme s'arrête
sans effroi à l'idée d'enfreindre son
devoir , elle est perdue.

Robert , de son côté , apprit
bientôt que son amante était pri-
sonnière chez elle , et il en fut si
indigné , qu'il ne put se taire. Il
représenta avec force au marquis
l'injustice de ce procédé. M. de…
étonné du ton ferme et décidé
avec lequel il lui parlait , l'exa-
mina attentivement, et comme il
ne manquait pas de pénétration ,
il soupçonna dès-lors que le jeune
homme pouvait bien être la cause
des refus de sa fille ; cependant,

ne voulant pas risquer une fausse inculpation, il garda le silence sur cet article, et résolut d'épier les deux amans, afin de s'assurer de la vérité. Pour mieux les surprendre, il résolut d'excepter Robert des ordres qu'il avait donnés : « Puisque ma rigueur envers Blanche, lui dit-il, vous paraît extrême, tâchez de l'y soustraire le plutôt possible, en l'engageant à se soumettre à mes volontés ; l'époux que je lui propose n'a rien qui doive lui déplaire pour le physique ni le moral ; si elle ne sortait pas du couvent, je pourrais croire qu'elle aime quelqu'un ; mais son séjour continuel dans le cloître suffirait pour me persuader le contraire. Cependant si quelque circonstance que je ne puis prévoir, avait engagé son cœur dans une inclination quelconque; qu'elle parle , quoique j'aie donné ma parole, son bonheur m'est plus cher que ma vie , et je m'empresserai de la satisfaire , pourvu toutefois que l'objet de son amour soit digne d'elle et de moi ; d'ailleurs , ajouta-t-il en fixant Robert, cette observation est déplacée , Blanche a sûrement l'ame trop élevée pour donner son cœur à un homme au-dessous d'elle, soit par la fortune , soit par le rang. »

Le commencement du discours de M. de ... avait ranimé toutes les espérances de mon héros ; mais la fin en fut si accablante pour lui, qu'il resta comme anéanti; ce qui se passait en lui était trop visible, pour que le marquis ne s'en apperçût pas, et cette conversation servit à affermir ses doutes et à allumer sa fureur contre le jeune couple. Il dissimula cependant et congédia Robert, après lui avoir fortement recommandé de ne pas oublier la mission dont il venait de le charger. Robert, hors d'état d'y répondre, y suppléa par une profonde révérence, et courut trouver son amante pour résoudre avec elle ce qu'il serait à propos de faire dans une conjoncture aussi délicate.

CHAPITRE XII.

Le danger d'un tête-à-tête.

———

ROBERT trouva son amante noyée dans les pleurs : « Ne vous l'avais-je pas bien dit, lui dit-elle ? vous voyez à présent ce que j'ai à attendre de ma famille ; ne croyez pas pourtant, ajouta-t-elle, que je me répente de vous avoir donné mon cœur, non, sans doute, j'aurais peut-être eu de la peine à tenir contre les instances de mes parens, s'ils eussent cherché à me gagner par leurs caresses, mais je saurai résister à l'oppression ; et plus je serai persécutée, plus

j'aurai de fermeté pour me dé-
fendre. »

Robert la remercia de son amour
pour lui , et il lui rapporta l'entretien qu'il venait d'avoir avec le
marquis. Elle ne fut pas étonnée
du mépris qu'il témoignait pour
une caste inférieure à la sienne :
elle connaissait à cet égard sa façon
de penser ; mais elle ne soupçonna
pas plus que lui quels étaient
les doutes de M. de ..., ils ne
s'occupèrent tous deux que des
malheurs qui les menaçaient , et
elle ne lui cacha pas la disposition
où elle était de le suivre, si son sort
ne changeait pas. Cette déclaration
combla Robert d'une joie si vive
qu'il ne fut plus le maître de ses
transports , il saisit la main de
Blanche , et la couvrit de baisers ;

elle ne la retirait pas, et l'amoureux jeune homme se hasarda à
l'embrasser : Cette faveur, un
jour plutôt, aurait été pour lui
le bien suprême, dans cet instant
elle ne fit qu'irriter ses désirs, et
dès-lors la tête lui tourna ......
. . . .

Sur le bord du précipice, Blanche
fit un dernier effort: « O mon cher
Robert, lui dit-elle, prenez pitié
de moi, n'abusez pas de ma faiblesse, respectez votre amante ; cette faute nous perdrait tous
deux et attirerait sur moi la malé-
diction paternelle ; la colère de
mes parens serait extrême, et rien
ne pourrait nous préserver de leur
vengeance.

—» Ont-ils le droit, lui dit l'imprudent jeune homme, de trouver

à dire à vos actions, quand ils
s'oublient au point de devenir les
tyrans de leur fille ?»

Pendant cette conversation, Robert ne suspendait pas ses caresses,
et il fit tant que la malheureuse
Blanche, entrainée elle-même par
l'amour, devint bientôt aussi coupable que lui................
....

Revenue de cette première ivresse, Blanche éclata en pleurs et en
reproches ; son amant fit tout son
possible pour l'appaiser : elle l'aimait trop pour ne pas lui pardon-
ner; mais il vit bien qu'une seconde
victoire lui serait impossible; d'ailleurs, presqu'aussi honteux de son
emportement qu'elle l'était de sa
faiblesse, il respecta sa douleur et
la laissa à elle-même.

Abîmée de douleur, Blanche resta longtems immobile; pour la première fois, le remords s'éleva dans son sein, et toute l'étendue de sa faute se montra à ses yeux; elle se représenta la honte dont elle venait de se couvrir : si Robert lui-même, pensait-elle, allait me mépriser! Cette pensée la mit au désespoir, et si l'arrivée de sa femme-de-chambre ne l'eût contrainte de cacher une partie de ce qu'elle éprouvait, elle aurait sans doute été la victime de sa douleur. Son amant, de son côté, n'était guères plus tranquile; il se reprochait vivement d'avoir entraîné dans l'abîme une jeune personne jusqu'alors vertueuse, et dont l'amour pour lui causait la perte; il sentait bien qu'il était plus coupable, et qu'il l'avait séduite: «sans moi, disait-il, sans ma fatale passion, elle eût été heureuse, un hymen avantageux lui assurait un sort digne d'elle et de ses parens, et un moment d'erreur lui enlève non-seulement tout espoir, mais aussi l'honneur, plus précieux encore que la vie même, et dont il connaissait mieux le prix depuis qu'il en avait enfreint les loix.» Le souvenir du marquis vint se joindre à tous ses autres chagrins; il ne pouvait se dissimuler combien il était coupable envers lui; il n'en avait reçu que des bienfaits, et pour prix de la généreuse estime qu'il lui avait témoignée, il venait de déshonorer sa fille; il se voyait à-la-fois coupable d'ingratitude envers M. et madame de . . . , et de séduction envers leur enfant: pour

avoir au moins le mérite de n'avoir
pas employé leurs bienfaits à fa-
voriser ses amours, il prit la résolution d'y renoncer, et de leur
passer un acte qui les remît en
possession de ce qu'ils lui avaient
assuré; il s'occupa des moyens de
faire part à son amie infortunée
de ce qu'il prétendait faire, et il
ne douta pas une minute que Blanche n'approuvât son dessein.

Comme il se disposait à retourner auprès d'elle, pour lui com-
muniquer un projet qu'il croyait
excellent, on vint le chercher de
la part du marquis : ce message le
mettait dans un grand embarras,
néanmoins, ne pouvant résister
aux ordres de M. de ..., il se mit
en devoir de se rendre à son invitation.

CHAPITRE XIII.

Cruelle catastrophe.

LA première question de M. de...,
fut celle que le jeune homme craignait le plus ; il lui demanda si sa
fille était un peu plus disposée à
suivre ses volontés ; il fixait Robert, et son regard ne servit
pas peu à le déconcerter ; il garda
donc le silence, et M. de ... renouvella la question d'un ton mé-
content. Robert, qui s'apperçut
de sa mauvaise humeur, se hâta
de lui répondre : « Mademoiselle
de ..., lui dit-il, connaît trop le
prix de votre tendresse pour ne

pas s'en rendre digne, et je pense, d'après l'entretien que j'ai eu avec elle, qu'on pourra l'amener par degrés à consentir à ce que vous désirez d'elle ; mais il faudrait sans doute un plus long délai que celui que vous lui avez accordé.

—» Un peu plutôt ou un peu plus tard, dit M. de . . . , doit lui être très-indifférent ; elle devrait même désirer d'en rapprocher l'époque, ce qui est fait n'est plus à faire, et je ne vois pas pourquoi elle voudrait me contrarier pour le seul plaisir de le faire : retournez vers elle, ajouta le marquis, et annoncez-lui de nouveau que mes intentions sont toujours les mêmes et que j'espère qu'elle ne me contraindra pas à employer des moyens violens pour la décider à obéir. »

Robert comprenant que toute observation serait inutile, sortit de
l'appartement du marquis, pour
faire, en apparence, ce qu'on exigeait de lui, et il gagna celui de
Blanche, afin de se concerter sur
ce qu'ils devaient faire dans une
circonstance aussi pénible.

Quoique plusieurs heures se
fussent passées depuis le moment
critique qui coûtait l'honneur à
notre héroïne, ses pleurs n'avaient
pas cessé de couler, et le désordre
où elle était, montrait assez que
ses regrets étaient sincères. « Que
venez - vous faire ici, dit - elle à
Robert, venez-vous jouir de ma
douleur, ou partager les remords
que me cause la faute que vous
m'avez fait commettre.

—»Quoique mon repentir égale

le vôtre, répondit le jeune homme,
ce n'est pas dans cet instant que
nous devons nous en occuper ;
nous n'avons pas un instant à perdre pour nous soustraire à la tyrannie de vos parens ; votre père
s'obstine à faire célébrer votre
union au jour fixé ; ainsi, que de-
viendrons-nous, si vous atten-
dez au dernier quart-d'heure pour
fuir l'asile de la persécution ; ne
balancez pas, ma tendre Blanche,
quittez pour un tems la maison
paternelle ; ce n'est pas un vil su-
borneur que vous suivrez aujour-
d'hui, ne voyez en moi qu'un esclave soumis et respectueux. Je
jure à vos pieds et en présence de
l'Être des êtres, que nulle tentative
de ma part ne pourra rappeler à
votre souvenir un moment d'er-

reur que je déteste , et que je mettrai tous mes soins à vous faire oublier.

— » Dois - je croire à vos sermens , lui dit Blanche que les sanglots étouffaient , et dois-je me livrer à la foi d'un homme qui a si cruellement abusé de ma confiance; d'ailleurs , imprudent, quels seront nos moyens d'existence dans le lieu d'exil que nous aurons choisi?

— » Ces bras , mon aimable amie, suffiront pour subvenir à vos besoins ; d'ailleurs , mon père jouit d'une fortune honnéte qu'il partagera avec moi,du moment où elle pourra m'être utile;je ne parle pas des dons de M. de ..., je sais que je me suis rendu indigne des bienfaits de cet homme respectable, et en jouir serait en abuser ;il trou-

vera assez d'infortunés qui méri-
teront sa bienveillance.

— » Il faut donc partir, s'écria
douloureusement la malheureuse
Blanche, il faut s'éloigner des lieux
qui m'ont vu naître ; il faut m'é-
loigner de mes parens, et n'emporter avec moi que leur malédic-
tion ! j'y consens, dit-elle à Robert,
cette nuit, à minuit, je monterai
chez vous ; préparez-moi un de vos
habits, nous sortirons par le parterre ; ayez soin de vous charger
de la fermeture des portes. O mon
Dieu ! ajouta Blanche en se jetant
à genoux, ne permettez pas que
je sois en proie aux malheurs des
enfans maudits ; et vous, mon père,
poursuivit-elle en levant les yeux
sur un portrait de l'auteur de ses
jours, ne maudissez pas à jamais

votre fille , pardonnez-lui son crime, les peines qu'elle va éprouver
l'en puniront assez.

— » Si je ne te pardonne pas, je
saurai te punir , s'écria M. de . . .,
d'une voix terrible, en entrant. Hélas ! il avait tout entendu , et la
conversation des deux amans ne
lui avait pas laissé de doute sur
son déshonneur : pour sa malheureuse fille, l'aspect de ce juge re-
doutable l'avait anéantie, et elle
était tombée sur le parquet, privée
de tout sentiment. Quant à Robert,
il resta debout et immobile. Et toi,
vil séducteur , lui dit le marquis,
était-ce pour la déshonorer que tu
sauvas ma fille du fer d'un assassin, mille fois moins scélérat que
toi ! Malheureux ! si mes bienfaits
ne pouvaient faire de toi un ami

fidèle, au moins devaient-ils t'engager à respecter ma maison ?
assez d'autres pouvaient satisfaire
tes honteux désirs, sans faire choix
de cette faible et indigne créature,
qui n'a pas su connaître assez ses
devoirs et les respecter, pour résister à tes insinuations perfides :
puisque tu oses bien, ajouta le
marquis, percer le sein d'un père
en lui ravissant son enfant, montre
autant de courage que de scéléra-
tesse ; défends - toi, continua - t - il
en tirant son épée ; nous sommes ,
égaux en armes, tâchons de l'être
en valeur.

Robert, glacé d'épouvante en
voyant les intentions de M. de...,
et n'ayant aucune envie de se me-
surer avec lui, tira aussi son épée
et la lui présenta en mettant un

genou à terre : — « Ma vie est dans vos mains, lui dit-il, mais jamais je ne tremperai les miennes dans votre sang ; j'ai osé, il est vrai, lever les yeux sur la fille de mon maître ; mais l'amour ne se commande pas : le même sentiment nous a entraînés tous les deux, hélas ! nous sommes plus à plaindre qu'à blâmer. Cependant, poursuivit-il, s'il vous faut une victime, frappez, mais épargnez votre fille; un jour, hélas! vous vous applaudirez d'avoir respecté ses jours : pour moi, je mourrai content, et vous aurez le loisir de pleurer votre barbarie.

La fureur de M. de ... avait paru jusqu'alors comme suspendue, mais les dernières paroles de Robert semblèrent la ranimer.

N'écoutant donc plus qu'elle, il lui arracha des mains sa propre épée, et la lui plongea dans le sein. Robert tomba à la renverse, en jetant un cri douloureux, le son de cette voix si chère rappela Blanche à la vie. Quel spectacle s'offre à sa vue, son amant baigné dans son sang, et son père debout devant sa victime la contemplant avec une joie stupide et féroce.

La frayeur et le désespoir donnant à cette infortunée plus de force qu'elle n'avait droit d'espérer, elle se releva, et demanda à son père le même traitement ; puis sans attendre sa réponse, elle se jeta sur le corps de son amant, dont elle s'efforça d'arrêter le sang avec son mouchoir. Ne vou-

lant pas même lui laisser la consolation de lui donner ses soins , le
marquis sonna et fit enlever Robert , malgré les cris de sa fille ;
elle voulait le suivre , il la retint
d'un bras vigoureux : « osez-vous
bien , lui dit-il , vous livrer en
ma présence , à vos transports
insensé , tremblez plutôt pour
vous - même ; vous m'avez offensé , redoutez ma vengeance ,
elle sera terrible , et si j'en éloi-
gne les effets , c'est pour la rendre plus éclatante. »-En finissant
ces paroles , il la quitta , et l'enferma dans sa chambre.

Blanche fit peu d'attention aux
menaces de son père , et se livra ,
toute entière , au regret d'avoir
perdu Robert ; car elle ne doutait pas que le coup fut porté. « O

Dieu ! s'écriait - elle, c'est donc moi qui l'ai tué ! Vertueuse à demi , j'ai eu la faiblesse de ne pas résister à sa tendresse , et l'idée de fuir de la maison paternelle , m'a effrayée au point que mes irrésolutions l'ont con- » duit au tombeau. Malheureux Robert ! faut - il qu'une mort violente soit le prix du plus ardent amour. Hélas ! pourquoi toute la fureur de mon père n'a-t-elle pas tombé sur moi? mais non , sa fille doit expirer lentement , et les premiers coups de sa vengeance ont porté sur tout ce qui m'était cher.»

En proie au plus violent désespoir l'infortunée Blanche aurait sans doute succombé ; elle se serait sans doute punie elle-même du malheur qu'elle se reprochait, mais l'arrivée de sa femme-de-chambre, qui entra dans le moment, suspendit pour lors l'exécution de son funeste dessein ; elle crut qu'on la lui envoyait pour lui apprendre que Robert venait d'expirer, et avide de savoir tout ce qui avait quelque rapport avec cet être intéressant, elle se précipita au-devant d'elle.

« Eh bien, Thérèse, qu'avez-vous à me dire ?

— » Hélas ! rien, mademoiselle.

— » Rien ? et Robert, mon Dieu, comment est-il ?

— » Bien faible ; mais cependant le coup n'est pas mortel.

— » O mon Dieu, je vous rends graces, s'écria Blanche, en se jetant à genoux , achevez ce miracle, sauvez Robert, et que j'expire après.»

Thérèse qui l'aimait beaucoup , et qui avait gémi d'en être séparée, fit tout ce qui lui fut possible pour calmer sa douleur , et si elle n'y réussit pas, au moins, le plaisir de voir pleurer avec elle , fut-il pour l'infortunée un sujet de consolation.

« Je vous chagrine , ma chère Thérèse ! Hélas! tel est mon sort , il faut apparemment que je fasse le malheur de tous ceux qui m'entourent.

— « Ne vous occupez pas de cela , dit cette bonne fille ; ah! tâchez plutôt de rappeler tout votre courage , vous en aurez besoin , car enfin il n'y a pas de doute que tous les genres de persécutions vont être employés pour vous faire consentir à ce qu'on exige de vous.

— » Je ne crois pas, dit mademoiselle de . . . , que mon père songe encore à me marier , et elle confia à Thérèse la faute dont elle s'était rendue coupable. »

Celle-ci la blâma avec raison ; mais comme il n'y avait pas de remède , elle l'engagea de nouveau à modérer sa douleur : «Puisque votre amant respire , lui dit-elle , vous devez vous conserver pour lui, et si vous êtes destinés l'un pour l'autre , le ciel vous réunira tôt ou tard, malgré tous les obstacles. »

Tous les argumens de la pauvre

Thérèse n'avaient pas beaucoup de pouvoir sur l'esprit de sa maîtresse ; néanmoins l'espoir vint luire pour un instant dans le cœur, de Blanche ; elle se flatta que son père se repentirait d'avoir attenté aux jours de Robert, et qu'il en viendrait à permettre un jour leur union, sous la condition du secret. Cette idée fit un moment diversion à ses peines, d'ailleurs son amant vivait, tout le reste n'était plus rien à ses yeux.

Thérèse la quitta pour aller s'informer de l'état du blessé. La réponse était satisfaisante ; les chirurgiens pensaient que, dans peu de tems, il serait sur pied, et Thérèse s'empressa de venir faire part à sa maîtresse de cette heureuse nouvelle.

Blanche, un peu tranquille de ce côté, consentit à prendre quelque chose et à se coucher. Pendant que le sommeil bienfaisant répare un peu les forces de notre héroïne, nous allons retourner auprès de Robert.

CHAPITRE XIV.

Nouvelle découverte.

LE malheureux jeune homme, après un long évanouissement était revenu à lui ; son premier soin avait été de demander des nouvelles de son amie ; il tremblait que M. de ... ne l'eût immolée aussi à son ressentiment ; il fut ravi d'apprendre qu'elle n'avait reçu de sa part aucun mauvais traitement, et il en tira un augure favorable.

Il était dans ces réflexions, lorsque madame de ... parut dans sa chambre. Cette visite le flatta peu, il s'attendait à des reproches, et il n'était pas en état d'en entendre aucun. Il fut bien étonné quand il la vit s'asseoir auprès de son lit, et débuter par un déluge de pleurs.

Il regarda d'abord ces larmes comme le commencement d'un orage qu'il allait essuyer ; mais son étonnement fut grand lorsqu'après avoir donné le premier moment à sa douleur, madame de . . . lui prit affectueusement la main et lui témoigna ses regrets sur tout ce qui s'était passé.

« Pourquoi, lui dit-elle, mon cher Robert, allez-vous vous adresser à une jeune personne absolument dépendante, n'était-ce pas vous exposer à ce qui vous arrive ? vous deviez bien penser que jamais mon époux ne consentirait à vous donner sa fille, et il était si facile, ajouta-t-elle, en minaudant, de faire une conquête moins dangereuse, et aussi agréable. Mais voilà bien les jeunes gens, ils veulent la fleur fraîche éclose, et ils ne songent pas à l'épine qui l'accompagne toujours. Ah ! Robert, si vous eussiez voulu, votre bonheur eût été assuré, et vous vous êtes plongé dans un abîme de maux. Cependant, poursuivit-elle, voyant combien elle l'affligeait, il faut prendre courage, et ne penser qu'à vous rétablir. »

Robert fut fort embarrassé pour répondre à madame de...; il voyait clairement qu'elle l'aimait ; et s'il ne voulait pas lui donner un chimérique espoir, il ne craignait de l'irriter. Il se borna à la remercier de l'intérêt qu'elle voulait bien prendre à lui. La marquise crut voir, dans le témoignage de sa reconnaissance, un commencement de retour à sa flamme, et dans cette persuasion, elle lui fit les caresses les plus tendres et les moins équivoques. Malgré l'horreur qu'elle lui inspirait, notre héros n'osait s'y dérober : il les reçut avec respect et une profonde indifférence; mais madame de..., ingénieuse à se flatter, attribua sa froideur à sa faiblesse, et ne douta pas une minute que le retour de sa santé serait la fin de sa passion pour sa fille, et l'époque de son propre bonheur.

.. Pleine de cette douce espérance, elle embrassa de nouveau son cher blessé, et l'ayant engagé à prendre du repos, elle le quitta, après l'avoir fortement recommandé à ceux qui le veillaient.

CHAPITRE XV.

Un moment de consolation.

MADAME de... laissa Robert aussi étonné de sa tendresse que de sa folle passion, et il trembla que cette circonstance n'augmentât les chagrins le Blanche. Il ne craignit plus rien pour lui-même; après ce qu'il avait éprouvé, il ne pouvait rien lui arriver de pis. D'ailleurs il pensait, et il croyait avoir raison, qu'il pourrait, quand il le jugerait convenable, sortir de la maison du marquis, et il était déterminé à le faire et à tenter tous les moyens possibles pour enlever Blanche , et la soustraire à la tyrannie de ses parens. L'espoir de réussir ranima un peu son courage ; et comme sa blessure était plus profonde que dangereuse , au bout de huit jours , il fut en état de sortir de son lit , malgré sa grande faiblesse. Blanche savait de ses nouvelles par l'entremise de Thérèse ; ce fut donc un adoucissement à ses maux , d'apprendre qu'il était hors de danger. Sa femme-de-chambre partageait sincèrement tout ce qu'elle éprouvait , mais elle résolut de lui procurer un moment de plaisir.

Cette fille ne manquait pas d'esprit ; elle avait pensé , avec raison , que si elle témoignait en public de l'intérêt pour sa jeune

maîtresse , elle deviendrait sus-
pecte , et ne serait plus en état
de lui rendre aucun service. En
conséquence de cette réflexion
elle prit le parti de la blâmer
hautement , et de montrer une
grande horreur de la conduite
qu'elle avait tenue. Elle sut si bien
se contrefaire , que les parens de
mademoiselle de... n'hésitèrent
pas à lui laisser un plein pouvoir
sur elle, ne doutant pas une minute que cette fille ne fût pour
la leur une duègne sévère et re-
doutable. Ils restèrent donc parfaitement tranquilles de ce côté ,
et l'habile soubrette , forte de leur
confiance , se mit en devoir de
la faire tourner au profit des deux
amans.

Sitôt qu'elle vit Robert en état

de supporter une entrevue avec sa bien aimée , elle en parla à celle-ci. C'était tout son désir ; pour le voir, elle aurait surmonté tous les obstacles et bravé tous les dangers. Cependant la crainte d'exposer un objet si cher la retint plusieurs jours , et il fallut que Thérèse l'assurât qu'il n'y avait aucuns risques à courir ni pour elle , ni pour lui , pour qu'elle se déterminât. Pour Thérèse , elle n'eut pas plutôt obtenu son aveu , qu'elle épia l'instant de prévenir le convalescent sur le bonheur qu'elle lui préparait.

On jugera aisément de la joie que l'infortuné Robert éprouva, quand on lui annonça une visite de Blanche. Moins prudent qu'elle, ou , si l'on veut , moins timide , il ne vit pas le plus petit inconvénient à ce rendez-vous nocturne, et il convint avec Thèrese que la nuit suivante, après que tout le monde serait couché, Blanche, renfermée en apparence à triples verroux, se rendrait auprès de lui.

Les choses ainsi arrangées, Thérèse retourna auprès de sa maîtresse, pour lui faire part des mesures qu'elle venait de prendre pour la sûreté des deux amans, et elle lui répéta tant de fois qu'il n'y avait rien à craindre, que Blanche commença à être un peu plus tranquille. Depuis que Robert n'était plus en danger, tout le monde s'était retiré de son appartement ; il n'y avait auprès de lui qu'un jockey, qui cou-

chait dans une chambre voisine
de la sienne, mais cet enfant ne
pouvait devenir nuisible : il n'a-
vait que treize ans ; à cet âge,
on dort d'un profond sommeil,
et une simple conversation tenue à
voix basse, ne pouvait sûrement
pas l'éveiller.

Après avoir fait toutes ces réflexions, les deux amans se livrèrent
sans crainte à l'espoir de se voir ;
et quand on fut bien sûr qu'il n'y
avait plus de lumière dans la maison, Blanche et sa confidente mon-
tèrent doucement chez Robert ; celui-ci s'était couché, comme de coutume, pour ne rien donner à penser
à son petit domestique ; d'ailleurs,
Blanche le lui avait fortement fait
recommander : quand il la vit entrer, il tressaillit, et la joie de la

voir encore une fois contre son attente, pensa lui être funeste. Blanche n'était pas moins émue, et elle versa un torrent de larmes. « Calmez-vous, mon amie, lui dit Robert, je ne mérite pas de votre part tant de sensibilité ; je serai trop heureux, si vous me pardonnez les peines que je vous cause.

— » Il y a longtems, lui dit-elle, que votre grace est écrite dans mon cœur. Je vous ai bien donné la preuve de ma tendresse pour vous, en consentant à fuir et à partager votre sort ; vous savez trop, aussi bien que moi, quelles furent les suites funestes de l'entretien que nous eûmes à ce sujet.

» Je n'ai pourtant pas renoncé à mon projet, dit Robert, et sitôt que je serai entièrement guéri, je

sortirai d'ici ; personne n'a le droit
de m'y retenir, et je préparerai les
choses nécessaires pour vous ôter
des mains de vos barbares parens. »

Blanche avait perdu le droit de
résister à Robert ; d'ailleurs son
cœur approuvait tout ce qu'il venait de lui dire : ils convinrent
donc des moyens qu'ils jugeaient
être les plus sûrs pour parvenir à
leur but, et le jour commençait à
paraître qu'ils s'entretenaient encore et ne pensaient point à se
séparer. Thérèse les en fit ressou-
venir. Robert se plaignit de ce que
les nuits étaient encore si courtes :
Blanche , plus raisonnable , lui
représenta doucement le danger
qu'ils couraient tous trois, s'ils
étaient découvers. La crainte d'ex-

poser son amie le fit consentir à
ce qu'on exigeait de lui, et après
les plus tendres adieux, ils so
séparèrent.

CHAPITRE XVI.

Départ précipité.

———

BLANCHE passa le reste de la nuit à s'entretenir avec Thérése. Il n'est pas nécessaire d'apprendre au lecteur quel fut le sujet de leur conversation, on le devine aisément; la tendre Blanche se croyait déjà hors des mains de ses persécuteurs; elle se voyait sur une terre étrangère, et si elle regrettait ses parens, l'amour qu'elle portait à Robert l'emportait de beaucoup sur ce regret; la barbarie avec laquelle son père avait traité son amant, l'avait vivement irritée, et, quoiqu'elle pût faire, elle conservait contre lui un violent ressentiment, et il est aisé de concevoir que dans cette disposition d'esprit et de cœur, elle désirait avec ardeur l'instant qui l'éloignerait de la maison paternelle. Le peu de fortune de Robert l'inquiétait peu ; richesses, grandeurs, tout était disparu à ses yeux ; elle ne voyait que lui, et un désert lui semblait préférable à tout, pourvu que Robert l'habitât avec elle.

Enfin, le sommeil l'emportant sur toutes ses réflexions, elle se jeta sur son lit, et Thérèse se plaça à son chevet. A peine goûtaient-elles toutes deux les douceurs du repos, quand le domestique de la marquise vint frapper à la porte.

Thérèse s'éveilla en sursaut , et la crainte que quelqu'un n'eût découvert le secret de la nuit , la saisit au point qu'elle n'avait pas la force de répondre. Cependant, aux coups redoublés du laquais, elle demanda sans ouvrir , ce que c'était ; alors le garçon lui apprit que toute la maison partait pour la campagne , à huit heures , et qu'il fallait que mademoiselle de ... fut prête , ainsi qu'elle. « Tout le monde part ? demanda Thérèse ?

— » Oui , tout le monde , sans excepter M. Robert. Thérèse ne fit pas d'autres questions, de peur d'éveiller les soupçons, et elle se hâta de faire les paquets de sa maîtresse , avec d'autant plus d'exactitude , qu'elle croyait, tout aussi bien qu'elle, qu'elles ne tarderaient pas toutes deux à avoir besoin de tout ce qu'elles possédaient.

Après avoir fait tous les apprêts qu'elle croyait nécessaires, elle éveilla sa maîtresse qui dormait profondément. Depuis le malheur arrivé à Robert, c'était la première fois qu'elle goûtait les douceurs du repos; elle fut bien surprise quand Thérèse lui annonça leur départ. « Je ne sais, lui dit mademoiselle de ..., si je dois m'afflger ou me réjouir de cette singularité, et je ne peux pas me faire une idée d'un semblable caprice. Le printems et une partie de l'été se sont passés sans que mes parens aient témoigné le moindre désir de visiter leurs terres, et cette fantaisie subite a tout le droit de me surprendre; je crains bien, ajouta-t-elle, ma pauvre Thérèse, que ce voyage ne cache un projet funeste pour Robert et pour moi.

—» Oh bien ! mademoiselle, reprit la femme-de-chambre, vous voyez tout en noir ; moi je pense toute autre chose.

—» Et que penses-tu ?

—» Je pense que M. de... a un grand regret des excès auxquels il s'est porté, et qu'il veut le faire oublier à celui qui en a été la victime, et l'oublier lui-même. Hélas! mademoiselle, cette campagne qui vous donne tant d'inquiétude, va peut-être devenir pour vous le séjour du bonheur. »

Blanche tressaillit à cette prédiction, et l'espoir, ce soutien de l'humanité souffrante, se glissa pour un moment dans son cœur.

Elle continua donc à entretenir Thérèse, et à lui parler de Robert; mais à sept heures, elle reçut l'ordre de descendre chez sa mère : ce nouveau contretems l'affligea beaucoup; elle n'avait pas vu la marquise depuis l'assassinat de Robert, et elle redoutait sa présence, comme on craint le feu. Cependant il fallait obéir ou se préparer à quelque chose de désagréable : elle descendit donc, et trouva ses parens occupés à déjeûner ; comme elle ne mangeait plus avec eux depuis un mois, elle ne fut pas surprise de ce qu'on l'avait exclue de ce repas. Elle salua donc les auteurs de ses jours, et s'assit en silence; elle examinait leur physionomie avec une attention inquiète, et elle crut voir sa mère dans une secrète dis-

position à la joie ; elle en fut surprise et presque rassurée ; mais un
coup - d'œil jeté sur son père , lui
rendit toutes ses craintes.

En effet , le marquis était d'une
pâleur effrayante : ses joues livides
et tremblantes , ses yeux sombres
et menaçans, inspiraient la terreur;
et sa malheureuse fille , plus trem-
blante que personne de l'expression de ce visage sévère , l'ayant
fixé quelques minutes , baissa tout-
à-coup la vue et se mit à pleurer
amèrement ; ses parens la laissèrent
sans l'interrompre, ni la consoler :
cette scène muète dura jusqu'à l'arrivée d'un valet qui annonça que
tout était prêt , et qu'il attendait
les ordres pour faire mettre les
chevaux.

M. de ... réfléchit un instant ,

ensuite il commanda qu'on attelât, pour ce jour, seulement deux voitures, une dans laquelle seraient la marquise, sa fille, et leurs femmes-de-chambre ; et l'autre, pour lui, Robert, et son valet-de-chambre, méchant Napolitain, capable des plus grandes noirceurs, pourvu qu'il y eût de l'or à gagner. Ce scélérat possédait toute la confiance de son maître, depuis que notre héros l'avait perdue : il avait souvent considéré d'un œil d'envie la faveur dont jouissait le jeune homme, et M. de . . ., à qui sa jalousie n'avait pas échappé, résolut d'en tirer parti.

Il déclara donc qu'il partirait avant la marquise, afin de lui laisser le tems de faire ses préparatifs, et il commanda qu'on s'occupât sur-le-champ de son départ.

CHAPITRE XVII.

Irrésolution de Robert.

———

On sera peut-être étonné en voyant cet infortuné jeune homme, partir avec son ennemi, pour un endroit qui lui était inconnu, et où tout devait être dévoilé au marquis. On saura qu'il ne s'y était déterminé qu'avec beaucoup de peine. Sur le matin de la nuit dont je viens de parler, on était venu l'éveiller, pour qu'il se disposât à être du voyage. Son premier mouvement avait été de refuser ; ce refus ne parvint pas jusqu'à M. de..., ce fut à son épouse qu'on en vint rendre compte : alors elle monta chez le convalescent , et débuta auprès de lui par des plaintes de son indifférence. Je vous inspire donc une haine bien violente, lui dit-elle , pour que vous ne vouliez pas m'accompagner à la campagne ? je déteste le séjour du château de... , et je me plaisais à penser que votre société embellirait ma solitude. Je suis cruellement trompée dans mon attente ; vous êtes bien coupable envers moi , mon cher Robert! Loin d'approuver la conduite de mon époux à votre égard , je l'ai vivement blâmée ; j'ai pourtant contre vous autant de sujet de plainte qu'il en peut avoir lui-même ; mais je vous ai pardonné de bon

cœur une erreur de jeunesse. Au
moins pour prix de mon indul-
gence et de ma tendresse, ne me
chagrinez pas davantage par votre
opiniâtreté.

Robert hésita longtems. « Comment voulez-vous, lui dit-il ; que
je puisse me résoudre à me trouver avec M. de... après ce qui
s'est passé ? cela est impossible. »
La marquise redoubla alors ses
instances ; elle avait conseillé à
son époux d'éloigner sa fille, et
de lui faire accroire que son amant
n'existait plus, afin de le lui faire
oublier ; elle comptait alors se
l'attacher entièrement. La cons-
tante résolution de Robert déran-
geait tous ses projets ; elle ne put
tenir à tant de contrariétés, et se
mit à pleurer avec beaucoup d'a-

mertume. L'amant de Blanche
avait le cœur si bon, qu'il ne put
voir couler les pleurs de la marquise, et espérant qu'il lui serait aussi facile de faire sortir
Blanche de la maison de son père,
à la campagne, qu'à la ville, il
consentit à partir ; et la marquise
charmée de sa complaisance ,
dont elle tirait les conjectures les
plus favorables , l'embrassa tendrement , et regagna son appartement , attendant avec impatience
l'issue d'un voyage dans lequel
elle mettait sa plus chère espérance.

Après qu'elle l'eut quitté , il
s'abandonna à ses réflexions, et
forma les projets les plus sérieux
pour l'enlévement de son amie. Il
aurait bien désiré en communi-

quer une partie à son père , c'est-
à-dire , lui faire voir le besoin
qu'il aurait de trouver , par ses
soins, un asile sûr et impénétrable,
au moins pour quelques jours , si
des circonstances imprévues l'em-
pêchaient de gagner tout de suite
les pays étrangers ; mais il ne savait comment faire pour le faire
venir. Il ne l'avait pas vu pendant toute sa maladie , et il était
autant affligé que surpris de son
indifférence ; il conclut qu'il devait garder le silence sur cet article, de peur de compromettre le
bonhomme , se réservant une ex-
plication avec lui , le plutôt qu'il
lui serait possible.

Le lecteur sera peut-être surpris que le père Robert eût ainsi
oublié ce fils chéri , jadis l'objet

de toute sa tendresse. Qu'on se garde bien de le juger ; l'honnête Robert, inquiet de ne pas voir son fils, qui passait rarement trois jours sans lui rendre ses devoirs , s'était présenté à la porte de l'hôtel : on lui avait répondu que le jeune homme était parti avec un seigneur pour faire le tour de l'Europe.

Cette nouvelle affligea le bon père , et il fut justement irrité de l'insulte qu'il recevait de la part de son fils. Il conçut dès ce moment un regret bien vif , d'avoir laissé sortir son enfant de la sphère où le destin l'avait placé , pour le laisser entrer dans une carrière où l'orgueil et la vanité avaient fini par le rendre ingrat et dénaturé. Si le bon homme avait su l'exacte vérité, il aurait été encore plus affligé ; mais d'autres peines lui étaient réservées, et il devait subir de rigoureuses épreuves avant de revoir son fils unique.

CHAPITRE XVIII.

Voyage. Mystère d'iniquité.

CE ne fut pas sans éprouver une violente émotion que Robert se trouva dans la voiture de M. de... qu'il regardait, avec raison, comme son plus cruel ennemi. Les sentimens les plus opposés l'agitaient, et se succédaient tour-à-tour. La haine la plus vive se faisait par fois sentir dans son cœur, justement irrité contre l'implacable vieillard ; bientôt sa sensibilité excitait en lui un sentiment plus doux ; cet homme qui l'avait traité avec tant de barbarie, était le père de Blanche ; ce titre seul en était un à l'affection de mon héros, et s'il n'aimait pas encore le marqnis, au moins lui pardonnait-il sincèrement.

Le marquis, de son côté, n'était pas moins agité, roulant dans son esprit les plus sinistres projets. Il contemplait sa victime avec l'œil avide de la vindication la plus forcenée ; l'affreuse vengeance qu'il méditait lui paraissait encore trop douce pour punir l'outrage qu'il avait reçu de Robert dans la personne de sa fille : cette faute à ses yeux était irrémissible, et le supplice le plus cruel suffisait à peine pour l'expier. Une mort ordinaire n'aurait satisfait qu'à demi cet homme vindicatif ; il fallait que Robert expirât lentement, qu'il éprouvât à

son trépas toutes les angoisses du
désespoir. La vertu qui jusqu'a-
lors avait guidé toutes les actions
de M. de... faisait naître de tems
en tems le remords dans son sein ;
une pitié involontaire lui parlait
en faveur du jeune infortuné ,
alors une larme venait border sa
paupière ; mais ce sentiment passait avec la rapidité de l'éclair :
le souvenir de Blanche , de Blanche déshonorée , venait s'offrir à
son imagination, et ranimait toute
la fureur de ce père offensé. Robert observait en silence les diffé-
rens mouvemens de l'ame du
marquis, et ne savait s'il devait
craindre, ou espérer.

Ce triste voyage se passa de la
sorte , et dans le plus grand silence. Après deux jours de mar-

che, on arriva au château de...'
Les vives émotions que Robert
avait éprouvées lui avaient occa-
sionné un peu de fièvre, le marquis en profita, pour l'engager à
se mettre au lit; c'était la première
parole qu'il lui adressait depuis la
funeste catastrophe dont j'ai donné le détail, et le bon jeune
homme crut voir, dans cette
prévenance de son persécuteur,
un commencement de retour vers
lui. Cette pensée fit couler de ses
yeux des larmes de reconnaissance. M. de... se hâta de détourner la vue pour n'en pas être témoin; et après lui avoir assigné
pour demeure la chambre la plus
reculée du château, il se retira
avec son valet-de-chambre ou
plutôt son confident. J'observerai

en passant que nos trois voya-
geurs étaient seuls et n'avaient
pour toute suite qu'un postillon
étranger. Le lecteur, voudra bien
ne pas oublier cette circonstance,
qui peut justifier à ses yeux ce
qui lui paraîtrait invraisemblable
dans ce qui se passa par la suite.

Robert s'enferma dans sa chambre et se mit au lit ; il en avait
vraiment besoin, non qu'il lui fût
possible de dormir ; mais pour
réfléchir tranquillement sur la bi-
sarrerie de son destin. Pendant
qu'une foule de pensées tumul-
tueuses assiègent son ame sensible, nous allons retourner auprès
de M. de..., pour voir un peu
de quoi il s'occupait.

Le marquis entama avec Aurelio, son valet-de-chambre, une

longue discussion sur la conduite qu'il devait tenir envers le malheureux Robert. Nous ne rendrons aucun compte de ce qui se dit dans cet affreux entretien ; voici cependant quel en fut le résultat.

Le marquis ayant plusieurs heures d'avance sur le reste de sa maison, résolut d'en profiter. Il se hâta donc, aidé de l'infame Aurelio, de descendre dans les souterrains du château , à la lueur d'une lanterne. Après avoir parcouru la route longue et tortueuse , qu'offrait leur immense profondeur , ils arivèrent dans un endroit plus humide et plus étroit que le reste du souterrain ; les égouts du château passaient tout près de là , et la puanteur de cet horrible lieu était si grande , que le marquis

et son digne valet , reculèrent
quelques pas. Néanmoins le désir
d'accomplir leurs criminels desseins , leur donna du courage , et
ils continuèrent d'avancer dans
un silence qui n'était interrompu
que par le sifflement des crapaux,
et les cris des hiboux, retirés dans
les creux que le tems avait formés
dans le conduit de l'égout qui avoi-
sinait cet endroit , et qui peu ac-
coutumés à voir de la lumière, se
hâtèrent de fuir , après avoir fait
retentir de leurs cris effrayans cet
épouventable séjour. A l'issue de
cet antre effroyable , était une pe-
tite porte fermée à triple serrure :
« C'est ici, dit le marquis en ou-
vrant le cachot que fermait cette
porte ; tu sais, Aurelio, quelles sont
mes intentions , et les ordres que

je t'ai donnés ; songe qu'ils soient
exécutés avant la fin de la nuit
prochaine, et tremble pour toi-
même si jamais le secret de cet
acte de ma vengeance transpire ,
hors des murs de cet asile impénétrable.

— » Vous connaîtrez Aurelio ,
répondit le confident avec un sourire sardonique qui peignait à
merveille toute la duplicité de son
ame exécrable...... Mais à quoi
bon tous ces préparatifs ?... Ami
lecteur , vous le saurez bientôt.

CHAPITRE XIX.

Nouveaux chagrins de Blanche.
Inquiétude de la marquise.

LA voiture des deux dames arriva plus de trois heures après celle qui avait amené le marquis et Robert. En descendant, la marquise s'informa de la santé de Robert ; Aurelio lui dit que la fatigue du voyage lui causait un accès de fièvre assez violent, mais que, suivant toute apparance, un peu de repos détruirait cette indisposition. Blanche pâlit à cette nouvelle et sa mère témoigna le plus vif intérêt. «Qu'on ait de lui le plus

graud soin , dit-elle à Aurelio ;
et elle se hâta de s'enfermer dans
son appartement , sous prétexte
de la fatigue qu'elle éprouvait ,
mais plutôt pour s'occuper en liberté de l'intéressant jeune homme,
et des moyens qu'elle pourrait
prendre pour l'amener à répondre
à l'amour qu'il lui inspirait.
Blanche , de son côté , n'était pas
plus tranquille , et elle envoya
Thérèse pour savoir sûrement
dans quelle situation se trouvait
l'ami de son cœur. Elle ressentait
les plus vives alarmes sur cette
espèce de rechûte ; elle tremblait
que sa maladie ne prît un caractère de malignité dangereux.

Elle attendit avec impatience le
retour de Thérèse. Quelle fut sa
surprise , lorsque cette fille vint

lui apprendre qu'Aurelio seul avait le droit de pénétrer dans la chambre de Robert, et qu'on le disait très-accablé par l'ardeur de la fièvre. Je suis perdue s'écria-t-elle, mon amant va périr, n'en doute pas, Thérèse, il y a de la trahison ! Envain sa femme - de - chambre essaya-t-elle de calmer son inquiétude, elle ne put lui ôter l'idée que si Robert venait à succomber, ce serait l'effet de la vengeance de son père.

Un autre sujet de peine vint se mêler an premier : le comte de S... arriva le même soir, et après un long entretien qu'il eut avec le marquis, on le présenta de nouveau à Blanche comme devant être son époux. Mademoiselle de... répondit timidement que , sous tous les rapports , leur union était impossible.

« Je connais parfaitement , lui dit sans hésiter le comte , tous les obstacles qui pourraient s'opposer à mon bonheur, mais je saurai les vaincre tous. Je ne suis point esclave des préjugés , et pourvu que vous deveniez mon épouse, je serai toujours heureux. » Blanche le remercia de sa générosité, mais elle l'assura que la plus grande preuve qu'il pouvait lui donner de son estime était de renoncer à elle , puisqu'elle n'avait aucune envie de s'engager sous les loix de l'himen. « Enfantillage que tous cela, s'écria M. de... , présent à leur conversation ! ma fille sera votre épouse , mon cher comte , et je m'estime fort heureux d'avoir trouvé un gendre tel que vous. »

Blanche voyant bien qu'il était inutile de tenir tête à deux personnes liguées contr'elle, se retira, sans répondre, et monta dans l'appartement qu'on lui avait destiné, pour pleurer en liberté sur son sort et sur celui de Robert. Elle passa la nuit dans les plus cruelles angoises, et de grand matin elle envoya de nouveau la fidelle Thérèse pour savoir des nouvelles de son amant; mais cette fille éprouva les mêmes difficultés, et on ne lui permit pas de le voir. Aurelio l'assura seulement qu'il était très-mal et qu'à moins d'un miracle on ne pourrait le sauvez.

A cet affreux récit, Blanche,

hors d'elle, éperdue, vole chez le marquis et se précipite à ses pieds : « O mon père, lui dit-elle, au nom du ciel, faites-moi voir encore une fois le malheureux objet de ma tendresse et de votre courroux ; moi qui dois le perdre, ne me refusez pas cette faible consolation.

— » Vous le verrez, ma fille, répondit M. de... avec un sourire amer ! mais il n'est pas tems encore, et je vous ferai avertir, quand l'instant sera venu.

Blanche, interdite par cette réponse, sortit en pleurant et passa la journée à errer dans le parc, en faisant retentir l'air de ses gémissemens. Thérèse eut beau l'engager à prendre quelque nourriture, elle ne put y réussir. Enfin, vers le soir, elle consentit à remonter chez elle. Elle y était à peine, que le marquis y entra. « Venez, lui dit-il, voir le premier des malheurs qu'entraina votre fol amour ; et sans attendre sa réponse, il la prit par la main et la traîna, plutôt qu'il ne la conduisit, à l'extrêmité du château où Robert était logé.

CHAPITRE XX.

Désespoir de Blanche.

LE père et la fille arrivèrent de
la sorte chez le jeune homme. En
approchant du lieu qui renfer-
mait l'objet de ses plus chères af-
fections, Blanche sentit ses forces
l'abandonner ; une sueur froide
la couvrit et ses genoux se déro-
bèrent sous elle. Le barbare M.
de. . . plus occupé de sa vengeance
que de l'affreux état où se trouvait sa fille , la prit rudement par
le bras! « Allons, lui dit-il , rani-
mez votre courage , vous en aurez peut-être besoin. » Blanche eut

recours à son flacon, et entre en chanchelant dans la chambre dont son père vient d'ouvrir la porte. Quel spectacle s'offre à ses yeux! Robert n'est plus, et cet homme naguères un modèle de perfections, ne montre plus à Blanche qu'un cadavre affreux et dont les traits défigurés, sont impossibles à reconnaître. Il est aisé de juger de ce qu'elle éprouva: un cri douloureux fut la seule exclamation qu'elle put proférer, et elle tomba sans sentiment sur ce corps froid et inanimé ; le marquis satisfait de lui avoir prouvé que Robert était mort, la fit tranquillement transporter chez elle, et ordonna de suite les obsèques du jeune homme.

Blanche ne revint de son évanouissement qu'au bruit de la

cloche funèbre dont le son pénétra jusqu'à son cœur déchiré ; ses sanglots alors trouvèrent un passage et l'épanchement de ses larmes la sauva de l'état dangereux où la douleur l'avait réduite.

« Il est donc vrai, ma chère Thérèse, lui dit-elle, j'ai tout perdu ! c'est moi qui ai précipité Robert dans la nuit du tombeau. Ah ! si je n'avais la juste crainte de porter, dans mon sein, un gage de sa tendresse, ma mort suivrait de près la sienne ; les devoirs que m'imposent les suites de ma malheureuse faiblesse, m'empêchent de m'immoler aux mânes de mon amant ; mais crois bien que si je consens à vivre, ce sera pour pleurer toute ma vie l'objet infortuné de mon fatal amour.

La douleur de mademoiselle
de... était trop juste pour que
Thérèse cherchât à la blâmer ;
elle laissa au tems de soin de ci-
catriser sa blessure ; mais elle
fut étonnée d'apprendre que sa
maîtresse était enceinte. Elle tremblait que ce nouvel incident n'augmentât les malheurs de cette personne. Elle l'engagea donc à cacher son état avec soin. Vous devez, lui dit-elle, à l'ombre de Robert
les plus grands ménagemens, pour
conserver le fruit de son amour,
et c'est-là la plus grande marque
d'attachement que vous puissiez
lui donner. » Blanche convint
qu'elle avait raison ; mais ses
larmes n'en coulèrent pas moins ,
et Thérèse vit bien qu'il était inutile , dans ce moment , de chercher à la consoler.

CHAPITRE XXI.

Eclaircissement ; fureur de la marquise.

On se rappelle des préparatifs de M. de ...; le lecteur saura que Robert en était l'objet. Le même soir de son arrivée, Aurelio lui apporta un bouillon ; ce breuvage contenait une légère dose d'opium : le ton affectueux et caressant du perfide Napolitain, avait inspiré à mon héros une si grande confiance, qu'il but sans aucun soupçon ce qui lui était présenté. L'effet ne s'en fit pas longtems attendre, et après un léger frisson, le jeune

homme s'endormit d'un sommeil
létargique. C'était tout ce qu'on
demandait ; Aurelio courut avertir
son maître, et tous deux ayant
chargé de fers l'infortuné Robert ;
le valet-de-chambre le prit sur ses
épaules : ils prirent ensuite en silence le chemin du souterrain, bien
sûrs de n'être pas apperçus, puisque tout le monde dormait, et que
la porte de l'escalier de cet affreux
séjour tenait au pied de celui qui
conduisait chez Robert.

L'infâme Napolitain avait pré-
paré son funeste breuvage de manière que le sommeil du jeune
homme ne devait pas être long ;
en effet, il ouvrit les yeux à l'instant où Aurelio le déposait sur une
botte de paille qui formait tout l'a-
meublement de son horrible cachot.

« Où suis-je ? s'écria-t-il, se croyant
en proie à un songe effrayant....

—» Dans votre dernière demeure, lui dit le marquis d'une voix
terrible ; voilà, traître, la vengeance que je m'étais réservée ;
graces à tes perfides insinuations,
j'ai perdu ma fille chérie, sa mort
m'eût été moins sensible que son
déshonneur ; il est juste que ton
père soit puni du même supplice
que moi. Pour toi, scélérat, tu
pleureras ici à loisir ton ingratitude et la honte de ta complice. »

Robert ne daigna pas lui répondre, il s'écria seulement avec
l'accent de la douleur : « O mon
père ! ô Blanche ! vous êtes donc
perdus pour moi !

—» Tu ne les reverras jamais ;
dans quelques heures, on fera tes

funérailles : mort pour tout l'univers, tu n'existeras que pour subir la peine due à ton crime. Que ma vieillesse ne te donne pas l'espoir d'une prochaine délivrance : à la vérité, ma pénible carrière, flétrie par la honte, ne peut être longue ; mais j'emporterai mon secret au tombeau ; l'instant de mon trépas ne précédera le tien que de quelques jours ; la faim, la cruelle faim hâtera lentement ta destruction. Aurelio, jusqu'à cette époque, t'apportera chaque jour la nouriture nécessaire pour prolonger ton supplice. »

Après ces paroles, M. de ... ferma la porte du cachot, et Robert n'entendit plus que les pas chancelans de son persécuteur et le bruit des grilles placées de distance en distance, qui tournant sur leurs gonds rouillés, firent retentir au loin, sous ces voûtes infernales, le bruit affreux de leurs gémissemens, et augmentèrent l'horreur de ce triste séjour.

Le lecteur a présentement la clef de toutes les menées du marquis ; nous allons laisser le malheureux prisonnier en proie à sa douleur et à ses réflexions, pour retourner au château.

La marquise qui prenait, comme on le sait, le plus grand intérêt à son jeune protégé, s'était informée avec le plus grand soin de son état ; elle avait été surprise et très-affligée de voir que son asile était impénétrable, et elle avait commencé à craindre l'effet de la vengeance de son époux. On se rappelle qu'elle avait conseillé de soustraire Robert aux yeux de sa fille, en l'éloignant autant que possible, et en le faisant passer pour mort. Elle était bien éloignée alors de deviner de quelle affreuse manière on suivrait ses avis ; mais malheureusement M. de ... avait soupçonné que l'intérêt qu'elle prenait au jeune homme, avait une cause particulière. Il résolut donc de ne pas lui révéler, plus qu'à d'autres, le crime qu'il méditait, et lui annonça lui-même la mort de sa victime ; il eut même assez de fausseté pour laisser entrevoir qu'il en était fâché, d'autant plus, disait-il, que sa blessure étant r'ouverte, la gangrène s'y était mise et avait causé sa mort ; il convenait, lui dit-il,

qu'il avait des reproches à se faire,
et il l'assura que si le jeune homme
eût vécu, il lui eût tôt ou tard
rendu sa bienveillance.

Madame de ... ne fut pas dupe
de toutes ses protestations, et sa
colère est impossible à décrire ;
elle voulait voir le cadavre, pour
être sûre que c'était bien lui, et
sur le refus du marquis, elle lui
dit sans feinte que Robert vivait
encore, ou qu'il était mort de
mort violente. M. de ..., certain
qu'elle ne pouvait pas pénétrer
son secret, la laissa exhaler sa
douleur, et rentra chez lui pour
s'occuper de l'enterrement du pré-
tendu Robert. Pour mieux donner
le change, il fit faire un superbe
convoi, qu'il honora même de sa
présence ; circonstance qui surprit

beaucoup sa malheureuse fille, et excita en elle un mouvement de reconnaissance.

Le lecteur désire sans doute connaître d'où provenait le cadavre qu'on avait substitué à Robert ; c'était celui d'un pauvre paysan mort dans ce moment, et qu'Aurelio avait payé vingt louis au fossoyeur ; le pauvre homme fut donc inhumé deux fois et servit innocemment à cacher le plus grand forfait. Cet instant passé, tout reprit, dans le château, la marche ordinaire ; le père reçut la preuve du trépas de son fils, et M. de . . . ne parut plus s'en occuper.

CHAPITRE XXII.

Qu'il n'est pas nécessaire de lire.

———

ROBERT resta longtems comme anéanti ; le procédé de M. de . . . avait quelque chose de si atroce, qu'il ne pouvait le comprendre, et il eut besoin de s'assurer qu'il était éveillé, pour croire à son malheur : hélas ! il n'en fut bientôt que trop certain. Qui pourra dépeindre quels furent alors sa rage et son désespoir ; il se voyait enseveli tout vivant dans un gouffre dont il ne devait pas espérer de sortir. A vingt ans, quel triste destin !

Pour le terminer promptement, il prit d'abord la résolution de se laisser mourir de faim. Blanche s'offrit alors à son imagination, et il eut le courage de vivre ; il est vrai que ce souvenir fut pour lui une augmentation de chagrins ; il pensait avec effroi qu'elle éprouvait peut-être le même traitement. L'espoir, qui n'abandonne jamais les malheureux, vint luire un moment dans son ame affligée, il osa se figurer qu'il viendrait un instant où il pourrait quitter sa funeste prison ; il était déterminé alors à tout tenter pour sauver Blanche de ses bourreaux.

Le froid excessif qu'il souffrait dans son cachot, l'incommodant beaucoup, fit diversion à ses tristes pensées ; on l'avait apporté dans

cet endroit presque nud, et la cha-
leur qui était violente en ce moment sur terre, redoublant l'humi-
dité et la fraîcheur du souterrain,
il prévit bien qu'il lui serait impossible d'y résister longtems ;
heureusement qu'Aurelio avait fait
cette réflexion, et que le lendemain
il lui apporta de quoi se couvrir :
ce fut un léger soulagement à ses
maux ; il en souffrait bien d'autres!
la nourriture la plus grossiere était
son partage, et les railleries inso-
lentes de son gardien la lui rendait
encore plus insupportable. Il restait quelquefois des jours entiers
sans y toucher. Pendant qu'il souf-
fre tant de tourmens, et que l'image
de Blanche seule lui donne la force
de les supporter, voyons un peu
ce que devient cette dernière.

CHAPITRE XXIII.

Mariage de Blanche.

TROIS mois s'étaient écoulés depuis la feinte mort de Robert, et Blanche sentait tous les jours augmenter sa douleur, ses pleurs ne pouvaient tarir ; envain Thérèse lui représentait-elle que ses regrets étaient superflus, elle ne voulait rien entendre, et ne répondait à tous les discours de cette femme, que par des sermens réitérés de ne jamais oublier son malheureux amant.

Sa grossesse était devenue certaine, et le désordre de sa taille

l'annonçait à tous les yeux, malgré
ses précautions pour cacher ce
nouveau malheur. Depuis son arrivée au château, elle avait été
parfaitement libre ; elle profitait
de cette liberté pour aller tous les
jours visiter le tombeau de l'ami
de son cœur, elle arrosait la terre
de larmes amères, puis elle lui
parlait, elle lui offrait le gage
qu'elle portait dans son sein ; elle
appelait, sur cette innocente créature dont les mouvemens seuls lui
annonçaient l'existence, toutes les
bénédictions du ciel, et elle demandait au père de son enfant, que,
du séjour céleste où elle le croyait
placé, il daignât y joindre la sienne;
elle revenait ensuite, et se sentait
soulagée.

Ses parens néanmoins s'apper-

çurent de son état, et en prévin-
rent le comte de S... qui n'avait
pas cessé ses assiduités ; il n'en fut
pas plus ému , et s'offrit à l'épouser et à assurer l'existence de l'enfant, en lui donnant son nom : cette
nouvelle proposition fut accueillie
avec joie de la part du marquis ,
et il promit au comte de dou-
bler la dot de sa fille; chose facile
à faire, puisque le frère de Blanche était mort subitement à Versailles.

Il ne s'agissait plus que de faire
consentir mademoiselle de... à
son union avec le comte, et c'é-
tait-là le plus difficile. Elle avait
promis de vivre , mais elle voulait vivre fidèle à Robert, et la
seule idée de tout autre engage-
ment suffisait pour la jeter dans

le désespoir. Son père voyant que toutes les peines du comte de S... étaient inutiles, résolut de lui porter les derniers coups, et de vaincre sa résistance, à quelque prix que ce fût. Pour cet effet, il la fit venir dans son cabinet, en présence du comte, et lui parla de la sorte :

« Vous devez bien penser, ma fille, que les marques de votre infamie n'ont point échappé à nos regards ; vous êtes perdue à jamais ; mais si votre déshonneur vous est indifférent, que ma honte vous touche, ne m'accablez pas d'opprobres sur la fin de ma carrière. L'objet de votre folle tendresse n'est plus ; peut-être, s'il existait encore, la naissance de votre enfant aurait-elle changé mes dispousitions à son égard ; mais la mort de cet infame séducteur m'interdit ce moyen de réparer votre faute. M. le comte s'offre à vous rendre, au moins en apparence, l'honneur que vous n'avez plus, et vous assure l'existence de votre enfant. Ne refusez pas un si grand avantage, et songez que sans lui cet être malheureux, proscrit dès sa naissance, vivrait dans l'infamie.»

Blanche ne répondit au discours de son père que par des sanglots, qu'elle ne put étouffer. Le marquis, irrité de sa douleur, reprit en ces termes :

«Puisque rien ne peut vous toucher, fille ingrate et dénaturée, je vous déclare que l'instant de la naissance de votre enfant, sera celui de sa mort. Je l'immolerai à vos yeux, et j'éteindrai dans son sang le souvenir de ma honte et votre indignité. »

La malheureuse Blanche ne put tenir à cette horrible menace ; elle se laissa tomber aux pieds de son père, presque sans sentiment. Cet homme inflexible en fut peu touché ; le comte de S..., un peu plus sensible, parut ému, et l'ayant relevée, il l'assit dans un fauteuil. Blanche, en revenant à elle, le trouva ses pieds, et crut voir dans ses yeux le plus tendre intérêt. En effet, le comte l'aimant beaucoup, et désirant avec ardeur qu'elle voulût bien devenir son épouse, la supplia de consentir à son bonheur.

« Que me demandez - vous, répondit l'intéressante créature ? mon cœur n'est plus à moi ; je sens parfaitement que rien ne pourra me faire oublier celui qui sut captiver ma tendresse. Si jeune encore, j'ai épuisé jusqu'à la lie la coupe amère d'un amour malheureux : mon cœur flétri par les chagrins, ne s'ouvrira jamais à aucune sensation ; je ne suis plus capable d'aimer aucun objet. Cependant, M. le comte, croyez que mon estime et ma reconnaissance pour votre générosité, dureront autant que ma vie.

—» Eh bien ! votre estime me suffit, s'écria le comte avec transport : dans une ame comme la vôtre, ce sentiment peut remplacer tous les autres. Veuillez devenir mon épouse, votre enfant sera

le mien ; je serai pour lui un père
tendre , et je vous jure par l'honneur de ne jamais m'offenser du
tribut de douleur que vous pour-
rez offrir aux mânes de votre
amant. »

Blanche, combattue par toutes
sortes de sentimens , demanda du
tems pour réfléchir sur ce qu'elle
devait faire, et son père lui accorda
avec peine un délai de huit jours ,
en lui répétant la menace qu'il venait de lui faire.

Blanche, en quittant le cabinet
du marquis , vint trouver Thérèse , et lui conta la scène qu'elle
venait d'essuyer. Cette infortunée
était plus malheureuse qu'une autre : elle n'avait point de mère à
qui elle pût confier ses tourmens :
la sienne , toute entière aux regrets

d'avoir perdu celui qu'elle regardait déjà comme son amant, et
voyant dans sa fille la cause de
sa mort, sentait croître son indifférence pour elle, et la traitait aussi
rudement que son barbare époux.
Elle était donc trop heureuse d'é-
pancher sa douleur dans le sein
de sa femme - de - chambre, qui,
depuis ses malheurs, était devenue son amie.

Après lui avoir rendu un compte fidèle de tout ce qui s'était passé, elle la consulta sur ce qu'elle
devait faire dans cette conjoncture.
Elle connaissait, par une triste
expérience du passé, de quoi son
père était capable, et elle tremblait que son enfant ne devînt à
son tour victime de sa fureur. Elle
eût bien pris le parti de la fuite;

mais elle n'avait en mains aucuns moyens pour cela. Elle était surveillée, quoique libre d'aller et venir, et la nuit, son appartement était situé de manière qu'il lui était impossible de faire un pas sans être entendue.

Thérèse, qui connaissait aussi bien qu'elle tous les obstacles qui pouvaient s'élever contre la tranquillité de sa maîtresse, n'hésita pas, et lui conseilla d'épouser le le comte. « L'ombre même de votre amant, lui dit-elle, vous saura gré d'avoir assuré le bonheur de votre enfant ; vous pouvez remédier à sa perte, ainsi, mademoiselle, montrez-vous mère, et sacrifiez-vous pour l'innocente créature à qui vous allez donner le jour. »

Blanche balança tout le tems du délai ; mais , au bout des huit jours , son père la fit sommer de lui apprendre sa dernière résolution. Il lui réitéra en même tems l'affreux serment d'égorger le fruit de son amour , sitôt qu'il verrait la lumière , si elle persistait à refuser l'alliance qui lui était proposée. Blanche ne put tenir à cette nouvelle menace ; elle promit, en pleurant, de faire ce qu'on exigeait d'elle.

Les préparatifs de son mariage ne furent pas longs , et elle prononça l'odieux serment qui l'unissait au comte, dans la chapelle du château, en présence des seuls témoins nécessaires pour la validité de son mariage.

Quel triste jour que celui de

l'himen , quand il n'est pas éclairé
du flambeau de l'amour ! les tor-
ches funèbres semblaient seules
brûler aux noces de Blanche , et
pendant cette cruelle journée elle
crut entendre vingt fois l'ombre
plaintive de Robert lui reprocher
son parjure. Cette terreur supers-
titieuse augmenta encore son trou-
ble , et elle s'évanouit plusieurs
fois.

Le soir vint accroître son embarras ; le comte s'en apperçut et
lui offrit avec respect de la conduire à son appartement et de la
laisser à elle-même. Cette délica-
tesse de son époux était un titre
à sa reconnaissance , et elle allait
l'en remercier, en acceptant sa
proposition ; l'impérieux M. de...
qui voulait jusqu'au bout tyran-

niser sa fille, traita les précautions de son gendre de puérilité,
et conduisit impérativemeut la
malheureuse comtesse dans la
chambre de son époux. Tirons le
rideau sur cette nuit si différente
de toutes celles de ce genre, et
passons à d'autres évènemens.

CHAPITRE XXIV.

*Naissance de l'enfant du mal-
heur.*

L'INSTANT des couches de la
comtesse arriva sans que les at-
tentions de son époux se fussent
ralenties ; de son côté , Blanche
voulant lui témoigner combien
elle était reconnaissante de la
manière dont il en agissait avec
elle, faisait tout son possible pour
dévorer ses pleurs , et s'efforçait
quelquefois de sourire à ses caresses. Ce sourire transportait le
comte de S... et il osait croire
à un avenir plus flatteur; il aimait

à se persuader que le tems, qui
affaiblit tout, effacerait de l'esprit
de cette femme adorée le souvenir
de son amant, qu'elle répondrait
un jour à sa tendresse, qu'en un
mot, elle finirait, tôt ou tard, par
unir l'amour au devoir. Plein de
cette douce espérance, il redoubla ses soins auprès d'elle, afin
d'adoucir, autant que possible, le
moment de souffrance qu'elle devait essuyer. Ce moment arriva,
et Blanche faillit perdre la vie
dans cette circonstance critique.
Les suites furent encore plus dan-
gereuses que l'accouchement, et
son époux frémit vingt fois de la
crainte de la perdre : elle s'en tira
cependant. Tout le tems qu'elle
avait été en danger, le comte n'a-
vait pas quitté le chevet de son

lit ; elle se montra sensible à ce qu'il avait fait pour elle , et dès lors il ne douta plus de son bonheur. Sitôt qu'elle fut entièrement rétablie, il hasarda la proposition d'aller passer quelques tems dans ses terres.

On était au printems et la saison semblait le moment favorable pour arracher sa compagne du théâtre de ses malheurs. Il s'attendait à beaucoup d'opposition de la part de la comtesse ; il fut fort surpris quand il la vit témoigner une sorte de joie. En effet, quoique les plus chers souvenirs l'attachassent dans ce lieu , les désagrémens continuels qu'elle éprouvait de la part de ses parens , en faisait pour elle au séjour d'horreur ; d'ailleurs, depuis son mariage, elle n'osait plus aller au tombeau de Robert ; ainsi pour le pleurer en secret, tous les endroits lui étaient indifférens. Elle résolut cependant d'accorder, s'il lui était possible, un dernier tribut à la douleur qu'elle devait au souvenir de Robert. Pour y parvenir, la veille de son depart, elle fut trouver le comte : « J'ai, lui dit cette femme angélique, une grace à vous demander : la compassion que vous avez montrée pour mes faiblesses, m'ont fait espérer de l'obtenir ; si je me trompe, ne craignez de ma part aucuns murmures ; j'ai assez éprouvé votre patience, pour ne pas être surprise si je la vois à bout.

—»Parlez, mon amie, lui dit le comte, et soyez sûre, à moins que

votre propre intérêt ne s'y op-
pose , que vous ferez toujours
tout ce que vous voudrez.

—» Votre bonté me rassure,
lui dit la comtesse ; voici de quoi
il s'agit : je désirerais emporter
avec moi une portion de la terre
qui couvre le corps de Robert ,
et lui élever dans le cimetière de
votre paroisse un petit monument ; je croirais alors avoir satisfait à mes devoirs envers cet infortuné ; ne vous offensez pas de
ma demande, ce sera la dernière
fois que je prononcerai son nom
devant vous.

— » Vos prières sont des ordres pour moi , ma chère Blanche, lui dit son époux , prenez ce
que vous désirez, et, à notre arrivée dans mon château, je m'em-

presserai d'accomplir vos vœux.»

Blanche le remercia dans les termes les plus touchans de ce qu'il faisait pour elle, et s'il eût pu être heureux par la seule satisfaction de Blanche, ce jour aurait été pour lui un jour de bonheur. Sitôt qu'on eut diné, fière de la permission qu'elle avait obtenue, la comtesse prit dans ses bras son fils qu'elle allaitait elle-même, et accompagnée seulement de Thérèse, elle courut au cimetière, malgré l'état de langueur où elle était toujours : l'amour semblait lui donner des forces, et en moins de rien elle eut franchi l'espace qui séparait le château d'avec la paroisse. En arrivant au lieu qu'elle regardait comme la tombe de son amant, elle mit un genou à terre, et fit à Robert les adieux les plus tendres. « O toi, dit-elle, qui péris à la fleur de ton âge victime de l'amour et de l'orgueil, reçois mes derniers adieux ; si du sein de la divinité, où tes vertus t'ont sans doute acquis une place, tu as été témoin de mon infidélité involontaire, regarde-la comme le plus grand sacrifice que j'aie pu faire à mon amour pour toi ; je le devais à mon fils : cet innocente créature ne devait pas porter la peine de ma faute, et j'étais obligée de consentir à tout pour lui conserver la vie. » L'arrivée du comte interrompit le discours de sa triste compagne. Soit jalousie, soit par la crainte que sa démarche au cimetière ne

lui causât quelqu'émotion funeste,
il venait la chercher. Sitôt qu'elle
l'apperçut, elle se hâta d'essuyer
ses pleurs, et ayant pris un peu
de terre dans un mouchoir, elle
suivit en silence son époux jusqu'au château.

CHAPITRE XXV.

Grande rumeur au château de...
départ de Blanche pour S...

QUAND les deux époux rentrè-
rent, ils trouvèrent tout le monde
en alarme, sans que personne sut
lui-même pourquoi il était agité.
Tout ce désordre venait de la fureur du marquis, qui voulait poi-
gnarder son valet-de-chambre, et
accablait d'injures tous les gens du
château, sans oublier sa moitié,
qui peu effrayée de ses emporte-
mens, souriait avec complaisance, et semblait se dire à elle-
même : « Je ne me repens pas d'a-
voir si bien réussi. »

Depuis longtems, Blanche était devenue indifférente à tout ce que ses parens pouvaient éprouver ; elle ne fit donc aucune question, mais le comte demanda à M. de... le sujet de sa colère. « Elle est bien légitime, lui dit brusquement le marquis, et vous intéresse peut-être encore plus que moi.» Envain le comte voulut-il le faire expliquer, il ne put rien savoir, et il resta en peine de ce que son beau-père avait voulu lui dire. A force de creuser son imagination, il en vint à soupçonner que son épouse avait peut-être quelque liaison étrangère à son premier amour, et auquel celui-ci pouvait servir de voile et de prétexte. Il était naturellement un peu porté à la jalousie, et dès lors ce sentiment commença à germer dans son cœur ; il épia la comtesse , et ne trouvant rien qui pût fortifier ses soupçons , il demeura dans sa première incertitude , et se contenta de presser leur départ.

Les adieux de la comtesse et de ses parens ne furent pas très-tendres ; depuis longtems ces trois personnes désiraient secrètement d'être séparées. Le château de S... était plus agréable que celui du marquis, Blanche en fit la remarque et son époux fut charmé de ce qu'elle paraissait disposée à s'y rendre ; il se flatta qu'éprouvant moins d'ennui , elle serait plus sensible aux soins qu'il prenait pour lui plaire. Il se trompait cependant ; elle n'était plus

susceptible d'aucune passion ;
tous les ressorts de son ame
étaient en quelque sorte usés ; et
excepté son fils, aucun objet ne
pouvait plus la toucher. Elle voyait
Robert revivre dans cet enfant,
et chaque parole qu'elle adressait
à l'innocente créature, avait pour
but son père encore plus que lui ;
elle passait les journées entières
dans un coin du parc ; là elle pleu-
rait en liberté.

Quelque tems après son arrivée,
elle somma le comte de lui tenir
parole pour faire ériger à Robert le monument qu'elle désirait
lui élever. Le comte aurait bien
voulu se dispenser de remplir sa
promesse, mais il n'osa le faire.
Blanche fit donc construire dans
le cimetière de S.... un petit au

tel à la manière des Romains :
elle y fit placer une urne qui contenait la terre qu'elle avait appor-
tée , et qu'elle regardait comme
les cendres de Robert : on planta
autour du cénotaphe un double
rang de myrthes et de cyprès ; elle
fit graver sur le marbre cette ins-
cription :

*Aux mânes de Robert , vic-
time de l'amour et de l'orgueil.*

Elle alla visiter le tombeau , sitôt
qu'il fut achevé ; elle se promit
bien d'y retourner quelquefois ,
mais le comte la pria d'éloigner
ses visites autant qu'il lui serait
possible , prenant pour prétexte
les discours que cela ne manque-
rait pas d'occasionner parmi les
habitans de ce village.

Blanche ne répliqua point ; mais elle sentit vivement tout le prix de cette privation. Elle recommença donc ses promenades solitaires, et son époux commença dès lors à voir que jamais elle ne l'aimerait. De ce moment toute idée de bonheur s'évanouit à ses yeux, et le poison de la jalousie fermenta plus que jamais dans son cœur. Laissons la malheureuse comtesse en proie à ses regrets, pour tâcher de pénétrer le sujet de la colère du marquis.

Fin du Tome premier.

TABLE.

Fin de la table du tome premier.